한 문화를 파괴하기 위해 책을 불태울 필요는 없다.
단지 사람들로 하여금 책을 읽지 않게 만드면 되는 것이다.

래이 브래드베리

자기 자신을 바꾸고 싶은가? 좋은 책을 찾아서 그 책의 문을 열고 들어가라!
책 속에 한 번 들어가게 되면 거기서 나왔을 때
예전과 똑같지 않은 자신을 발견할 것이다.

메멧 무랏 일단

만약 우리가 아주 희귀한 지식을 가진 사람을 만난다면,
우리는 그가 무슨 책을 읽는지 물어보아야 한다.

랄프 왈도 에머슨

말하기 전에 생각하고,
생각하기 전에 책을 읽으라.

프란 르보위츠

수능, 내신, 학종을 위한
공부 완성 독서법

수능, 내신, 학종을 위한
공부 완성 독서법

펴낸날 2019년 7월 10일 1판 1쇄

지은이 신진상
펴낸이 김영선
교정·교열 이교숙, 남은영
경영지원 최은정
디자인 현애정
일러스트 @daj_lab
마케팅 신용천

펴낸곳 (주)다빈치하우스-미디어숲
주소 경기도 고양시 일산서구 고양대로632번길 60, 207호
전화 (02) 323-7234
팩스 (02) 323-0253
홈페이지 www.mfbook.co.kr
이메일 dhhard@naver.com (원고투고)
출판등록번호 제 2-2767호

값 14,800원
ISBN 979-11-5874-054-2

이 도서의 국립중앙도서관 출판예정도서목록(CIP)은 서지정보유통지원시스템 홈페이지(http://seoji.nl.go.kr)와 국가자료공동목록
시스템(http://www.nl.go.kr/kolisnet)에서 이용하실 수 있습니다.(CIP제어번호: CIP2019021257)

수능, 내신, 학종을 위한

모든 공부는 독해력과 독서에 달려 있다
'스터디 독서'로 책읽기의 쓸모를 높여라!

서울대 합격생들을 보면 공통점이 있습니다. 우선 책 읽기를 좋아합니다. 독서를 통해 자기주도학습이 되어 있으며, 내신이나 수능 준비로 바쁜 고3 때도 틈틈이 시간을 내 독서를 합니다. 수학을 제외한 나머지 과목들은 특별한 사교육 없이 교과서와 관련된 책을 읽으며 공부를 합니다. 그들에게는 독서가 곧 공부이고 공부가 곧 독서입니다. 서울대에 합격하기 위해 드라마 〈스카이 캐슬〉처럼 연간 수억 원을 받는 특별한 입시 코디가 필요할 턱이 없습니다. 서울대 입시에 필요한 것은 독서이지, 입시 코디가 아니라는 사실을 이 책을 통해서 확인할 수 있습니다.

공부 완성 독서법

신진상 지음

미디어숲

추천사

수능 국어시험의 난이도가 점점 높아지고 있습니다. 그에 따라 독해력과 독서의 중요성도 갈수록 강조되고 있습니다. 저자는 이 책에서 수능 국어 지문을 읽기 위해서는 낯선 개념에 대한 미지 읽기와 선형 읽기, 비선형 읽기의 통합을 강조합니다. 이 책에서 소개한 '개념 독서법, 스터디 독서법, 수능 국어에 최적화된 독서법'을 통해 수능에서 좋은 성과를 얻으시기 바랍니다.

이만기 (유웨이 중앙교육 이사)

공부의 기본은 독서입니다. 공부 잘하는 학생들은 책을 잘 읽고 많이 읽은 학생들입니다. 독해력과 공부의 꾸준한 상관관계에 대한 경험이 누구보다 많은 저자는 입시에서 가장 중요한 수능, 내신, 학종을 독서로 대비할 수 있는 아주 강력한 독서법을 추천하고 있습니다. 전국의 수험생들은 '공부완성 독서법'으로 내신 공부와 입시에서 모두 성공할 수 있기를 바랍니다.

임성호 (하늘교육 대표이사)

학교 교육과 학교 교육 바깥에서의 독서는 매우 중요합니다. 4차 산업혁명 시대에 창의융합 인재 또한 창의적이고 융합적인 독서를 통해 양성될 수 있습니다. 학교 수업과 연계된 책을 읽고 심화된 지식을 쌓고 자신의 진로를 책을 통해 찾은 뒤 기록으로 남기자는 저자의 주장에 적극 공감합니다.

성제경 (서울대 수의과대 교수)

신진상 선생은 엄청난 독서량과 여러 분야의 다양한 독서로 지식의 지평을 넓힌 저자로 기억합니다. 그가 그동안 해왔던 독서경험을 살려서 독서에 관한 지식과 지혜를 공유하는 것은 학생들에게 스스로 독서를 하게 하는 동기부여의 실천의지를 보여 줍니다. 독서의 관점에서 입시 제도를 분석하고 실전 독서법을 전개하는 저자를 따라가면서 독서방법론의 진수를 맛볼 수 있을 것입니다. 또한 15년 이상의 논술 입시 현장지도 경력은 독자들에게 깊은 신뢰를 주고 있습니다.

정남환 (호서대 교수, 전국입학담당관협의회 초대회장)

교육칼럼니스트이면서 컨설턴트인 저자는 시장의 흐름과 학생들의 니즈를 정확하게 파악하고 있는 전문가입니다. 그가 이번에 내놓은 입시 독서 전략에 관한 책은 시간에 쫓기는 학생들의 효율적 독서를 위해 만든 책입니다. '효율적 독서'라는 것이 독서의 근본 취지와는 맞지 않을 수도 있으나 진로의사결정, 학생부종합전형 준비, 그리고 논술 준비 등 한꺼번에 세 마리 이상의 토끼를 잡아야 하는 학생들에겐 효익을 증가시켜 줄 가뭄 후 단비가 될 것입니다.

조훈 (서정대 교수, 사단법인 한국진로진학정보원 사무국장)

이 책은 기존 입시 책들처럼 합격자의 제출서류에서 독서활동상황을 나열하거나 단편적으로 독서 분석을 하는 책이 아닙니다. '수능 1등급을 만드는 개념 독서, 내신 성적을 올리는 교과 독서, 진로 성숙도를 보여 주는 진로 독서' 등 대입 수시에서 학생부종합전형을 준비하는 지원자 및 대입 정시 수능에서 1교시 국어학습 및 특히 2015개정 교육과정에서 강조하는 융합적인 독서능력을 향상시킬 수 있는 책으로 전국의 모든 수험생이 반드시 필독해야 하는 책으로 추천합니다.

전용준 (대치비전21 입시전략연구소장)

공부 잘하고 좋은 대학 가는 데 독서가 필요한가요?

저는 입시 컨설턴트와 독서 컨설턴트로 15년간 일해 왔습니다. 대치동을 비롯해 전국을 누비며 수많은 학생들을 만났습니다. 공부 잘하는 학생, 입시에서 성공하는 학생들은 대부분 꾸준한 독서로 독해력이 좋은 학생들이었습니다. 현직 교사도 제대로 풀지 못하는 2019학년도 수능 국어 때문에 전국이 독서와 독해 문제로 떠들썩했지만 저는 진작부터 입시와 독서의 상관관계에 주목해 왔습니다. 학생들에게 인문, 사회, 자연과학을 가리지 않고 수많은 좋은 책을 읽혔습니다. 읽은 내용을 바탕으로 지식을 더욱 심화시키고 스스로 발전시키도록 도왔습니다. 그 결과 많은 학생들이 서울대와 의대에 합격했습니다. 저는 대치동에서 그 누구보다도 서울대와 의대 합격생의 학생부와 자기소개서(이하 '자소서')를 많이 읽은 컨설턴트로 통합니다.

저는 학생들에게 책을 억지로 읽히는 게 아니라 그들이 읽어야 할 책, 관심이 있을 만한 책을 학생 스스로가 읽고 싶게끔 동기부여하는 편입니다. 저 또한 연간 500권의 책을 읽으며 학생들의 눈높이를 맞추려고 노력합니다. 이 책은 제가 학생들의 입시와 독서를 지도하면서 공부와 독서가 얼마나 밀접한 관계가 있는지, 그간 학생들과 함께 읽은 책들이 미친 영향에 대한 이야기입니다. 또한 제가 지도한 수많은 서울대생과 의대생들의 이야기이기도 합니다.

서울대 합격생들을 보면 공통점이 있습니다. 우선 책 읽기를 좋아한다는 점입니다. 독서를 통해 자기주도학습이 되어 있으며, 내신이나 수능 준비로 바쁜 고3 때도 틈틈이 시간을 내 독서를 하는 친구들입니다. 수학을 제외한 나머지 과목들은 특별한 사교육 없이 교과서와 관련된 책을 읽으며 공부를 합니다. 그들에게는 독서가 곧 공부이고 공부가 곧 독서입니다. 서울대에 합격하기 위해 드라마 〈스카이 캐슬〉처럼 연간 수억 원을 받는 특별한 입시 코디가 필요할 턱이 없습니다. 서울대 입시에 필요한 것은 독서이지, 입시 코디가 아니라는 사실을 학생 스스로가 잘 알고 있습니다.

이 책은 공부가 하고 싶고 명문대를 가고 싶은 모든 학생들을 위해 쓰였습니다. 독서가 바로 공부임을 깨닫고 책에서 읽은 지식들을 나의 것으로 만들며 사고력을 키우면 됩니다. 이 책에는 그 방법이 소개되어 있습니다.

이 책은 크게 2부로 구성되었습니다. 1부는 이론에 해당합니다. 입시와 독서의 상관관계를 통해 변화하는 입시의 본질을 냉철하게 파악하고, 변화 속에서 결코 변하지 않는 독서의 중요성을 깨닫고 입시에 대응하는 전략을 담았습니다. 1부는 3장으로 구성되어 있는데 먼저 독서의 관점에서 입시 제도를 다루고 있습니다. 수능에서 갈수록 중요해지는 국어 과목의 비중과 한 학기에 책 한 권 읽기가 의무화되며 독서를 하지 않고서는 학교 공부를 따라갈 수 없는 2015 개정 교육과정을 중심으로 내용을 전개하고 있습니다. 그다음에는 독서력, 문해력, 독해력 등으로 표현되는 읽기 능력에 관한 이야기들입니다. 실제 수능 1등급 학생들의 독해력은 어느 정도일까요? 어느 정도 속도로 책을 읽으며 읽은 내용의 몇 퍼센트를 이해하고 있을까요? 정보가 많은 비문학 지문을 제대로 읽으려면 어떤 독서법이 필요할까요? 독서를 잘하고 싶어도 독해력이 부족해 공부에 자신이 없는 학생들에게 꼭 필요한 내용입니다. 3장에서는 서울대생들의 독서 이야기와 책을 어떻게 읽고 정리해야 하는지 방법론을 소개하고 있습니다. 서울대가 권하는 독서법은 스터디 독서입니다. 읽기와 쓰기가 자연스럽게 통합되어 독해력과 문해력을 동시에 끌어올리는 서울대의 스터디 독서법을 자세히 소개하고 있습니다. 그리고 서울대 합격생들은 어떤 책을 읽고 자소서에 어떤 내용을 쓰는지에 대한 사례를 소개했습니다.

2부는 실전 파트로 독서법이 소개됩니다. 2부의 4장에서는 갈수록 어려워지는 수능 국어를 어떻게 하면 독서를 통해 대비할 수 있는지 방법론을 다루고 있습니다. 어떤 책들이 수능 국어에 도움이 되는지, 어떻게 책을 읽고 독후 활동을 해야 수능 국어 점수를 올릴 수 있는지 다루고 있습니다. 저는 수능 국어에서 필요한 독서를 개념 독서로 정의합니다. 낯선 지문을 주고 빠른 시간 안에 요지를 파악한 뒤 새로운 내용을 추론할 수 있는 능력을 위해서는 개념에 대한 이해가 필요합니다. 이는 은유, 추론 등 사고의 본질에 대한 역량으로 드러나기 때문입니다. 수능 국어를 위해 문제집을 많이 풀 수도 있지만 어려운 비문학 한 권 읽기에 도전해 사고력을 키운 뒤, 각 영역별로 필요한 쓰기 활동을 보충할 경우 수능 국어 등급은 상승하게 되어 있습니다.

5장은 이 책에서 가장 긴 부분으로 새로 바뀐 교육과정에 입각해 학교 수업과 연관된 독서 전략을 어떻게 짜야 할지, 과목별로 다루는 교과 연계 독서를 소개합니다. 학생부 기재 사항이 간소화되고 분량이 줄어들면서 학생부에서 세부능력 특기사항이 차지하는 비중이 갈수록 늘어나고 있습니다. 교과목을 공부할 때 학교에서 배운 이론과 개념에 대해서 책을 통해 더 깊이 있게 파고들 경우 학교 성적도 오르고 학생부종합전형에서 입학사정관에게 좋은 평가를 받는 일석이조의 효과가 있습니다. 개정 교육과정에 맞는 대표적인 책들을 제시함으로써 성적 향상과 알찬 학생부가 동시에 가능하도록 꾸몄습니다. 이 파트를 읽다 보면 국어, 사회 같은 인문계 과목뿐 아니라 수학과 과학 역시 독서가 어떻게 도움이 되는지를 알 수 있습니다.

6장은 학생부종합전형에서 가장 중요한 전공 적합성, 전공에 대한 소양을 책을 통해서 보여 주는 방법들을 제시합니다. 의학 계열, 자연 계열, 상경 계열, 사회과학 계열, 공학 계열 등 단과 대학별로 특정 책을 통해 전공 마인드를 갖추도록 하는 방법론에 관한 내용입니다.

대학들은 학과별로 전공 적합성을 따지기보다는 계열별로 광범위하게 적용하고 있습니다. 예를 들면 일문학과에 진학하고자 하는 학생에게 일본 문학만이 아니라 문학 자체에 대한 사랑과 영문학, 스페인 문학 등 문학 전반에 대한 이해가 필요한 것이지요.

마지막 7장은 4차 산업혁명에 어울리는 창의융합적 인재로 키우기 위해서는 어떤 책을 읽고 어떤 독후 활동을 해야 하는지에 대한 답변입니다. 4차 산업혁명은 수많은 일자리가 사라진다는 점에서 대규모 실업의 우려가 있지만 자신의 정체성을 이해하고 타인에 대해 공감하며 과거와 현재, 미래를 잇는 연결고리를 제대로 파악하는 학생들에게는 이보다 더 좋은 기회는 없을 것입니다. 제가 직접 진행했던 문·이과 융합적인 독서 수업 모델을 제시하고 있어 학생, 학부모뿐 아니라 학교 선생님들에게도 도움이 될 거라고 생각합니다. 4차 산업혁명은 입시나 공부와 상관없는 독서로 생각할 수도 있지만 절대 그렇지 않습니다. 이미 학교 수업과 대학 면접 및 논술 시험 현장에서 4차 산업혁명은 깊숙이 들어와 있습니다. 문과든 이과든 예체능이든 책을 읽고 공부해야 합니다. 그래야 기술에게 인간이 지배당하지 않습니다. 학생들이 청소년 시기 인공지능, 빅데이터 등 기술에 대해서 책으로 공부해야 미래에 기술이 인간을 위해 일하도록 만들어 줄 수 있습니다.

이 책에는 어려운 책도 많이 등장하고 낯선 이름도 많이 등장합니다. 그러나 이들의 이름과 권위에 기죽을 필요가 없습니다. 다음과 같은 자세로 이 책에 등장하는 책들과 저자들을 대하면 됩니다. 미국의 암 전문가 러셀 블라이락의 말입니다. 그는 미국의 대표적인 종양 전문가로서 혁신적인 치료를 통해 미국 의학의 수준을 끌어올린 인물입니다.

"저는 학생들에게 표면으로 보이는 모습 그대로 받아들이려 하지 말고 전체 패러다임에 항상 의문을 제기하는 습관을 들이라고 이야기하겠습니다. 스스로 생각하는 시간을 갖고 나서 이전 선배들의 연구 결과 등을 보길 권합니다."

이 책과 이 책에 소개된 책들을 읽는 이유는 항상 의문을 제기하고 스스로 생각하는 시간을 갖기 위해서입니다. 그게 공부를 잘하는 비결입니다. 책을 읽으면 자연스럽게 길러지는 역량이기도 합니다. 미국 최고의 문학 평론가 해럴드 블룸은 독서 기술이라는 책에서 "독서를 잘하는 가장 좋은 방법은 독서를 내적 수련의 일환으로 수행하는 것"이라고 했습니다. 이왕 독서를 하는 김에 지식만 쌓지 말고 책을 통해 내면의 자아를 찾아가는 과정이라고 생각해 보세요. 공부를 잘하면서 자아도 찾을 수 있다면 일거양득이겠지요.

저자 신진상

차례

Part 1

독서로
공부와 입시를 잡는다

Part **2**

바로 써먹을 수 있는 독서법
-수능·내신·학종·4차 산업혁명

7장 4차 산업혁명을 대비한 창의융합 독서

일본의 독서 천재이며 최고의 교육 심리학자인
메이지대학의 사이토 다카시 교수는 독서력이란 단어를 즐겨 사용합니다.
그에게 독서력은 팔굽혀 펴기 같은 운동 능력입니다.
운동을 하는 근육이 두뇌라는 점이 기존 운동과 다르지요.
두뇌 근육을 키워주는 사고 운동이 바로 독서라는 것이 그의 주장입니다.

Part 1

독서로 공부와 입시를 잡는다

01

독서는
공부와 입시를 위한 기본

수능 만점자의 공부법

매년 수능 만점자가 나옵니다. 2019학년도 수능 만점자는 모두 9 명이었습니다. 참고로 만점자란 절대 평가인 영어와 한국사는 만점이 아닌 1등급(각각 90점과 40점)을 받고 나머지 국수탐(국어, 수학, 탐구 영역 중 2과목)에서 만점을 받은 학생의 숫자입니다. 수능 만점자의 공부법을 다룬 《1등은 당신처럼 공부하지 않았다》(쌤앤파커스)에서 인터뷰에 응한 수능 만점자 30명 중 90%인 27명이 어려서부터 독서 습관이 형성되어 있었다고 합니다. 이들은 공부에서 가장 중요한 것을 독서로 꼽았습니다. 한 학생은 "책을 읽듯, 교과서를 읽는 습관 자체가 공

부 습관을 들이는 가장 좋은 방법"이었다고 말합니다. 또 다른 학생
은 "독서를 많이 해서 독해력이 갖추어져 있는 학생들은 국어뿐 아니
라 영어 과목에서도 절대적으로 유리할 수밖에 없다"고 고백했습니
다. 문과인 한 학생은 "과학 책 읽기를 좋아했더니 수능에서 과학과 기
술 지문이 나와도 별로 어렵지 않았다"고 말했습니다. 이들은 공부
의 기본이 무엇인지 그리고 수능이 어떤 시험인지 잘 알고 있었기에 수
능 만점을 받을 수 있었던 거죠. 공부의 기본은 독서이고 수능 국어
는 국어 시간에 배운 내용을 얼마나 암기했는지 평가하는 시험이 아니
라 독서력을 평가하는 시험이라는 사실을요.

의대에 합격한 한 학생은 1년에 무려 500권의 책을 읽었다고 합
니다. 하루에 한 권 이상의 책을 꾸준히 읽었다는 이야기죠. 책에서
는 이들의 사교육 이야기를 따로 조사하지는 않았지만 국어만큼은 족
집게 과외나 대치동 스타 강사의 강의가 별 도움이 되지 않았을 겁니
다. 독서를 통한 공부는 진정한 자기주도학습이며 수능 만점의 비결임
을 이 책은 잘 말해줍니다.

독서를 많이 하면 할수록 이해력이 늘어나고 읽는 속도도 빨라집
니다. 흔히 속독이라면 속도만 빨라지고 정확성이 떨어지는 독서, 대
충 읽고 넘어가는 게 아닌가 하는 의구심이 들기 마련인데, 독서를 통
해서 읽기 속도를 끌어올리는 경우는 속도와 정확성이 같이 올라가
기 마련입니다. 따로 속독 훈련을 할 필요 없이 자연스럽게 속독이 이
루어지는 거죠.

비단 30명만의 이야기가 아닙니다. 실제 제가 만난 대치동과 특목
고, 자사고의 최상위권 학생들은 모두가 독서광이었습니다. 공부를 독

서로 시작하고 독서로 끝내는 학생들이었습니다. 독서를 좋아하지 않는데, 시험 성적만 좋은 학생도 물론 있었지만 이들은 대부분 학년이 올라갈수록 한계를 드러냈습니다. 수능이 쉽게 나오는 해는 구렁이 담 넘어가듯 넘어갈 수 있었지만 수능 국어가 2019학년도처럼 제대로 어렵게 출제될 때는 독서를 통한 독해력 상승 외에 다른 방법으로 수능 국어를 준비한 학생들을 곤혹스럽게 합니다.

국어 공부의 본질은 독서입니다. 한 수능 만점자는 이렇게 말합니다, 어렸을 때부터 놀이터가 도서관이었고 눈을 뜨면 항상 책이 옆에 있었다고. 또 한 학생은 이렇게 말합니다. 읽은 책과 읽지 않은 책이 함께 서가에 꽂혀 있고 안 읽은 책에 스티커가 표시되어 있어서 자연스럽게 동기부여가 되었다고 합니다. 책 읽기에 대한 동기부여는 곧바로 공부에 대한 동기부여가 됩니다.

앞으로 독서가 점점 중요해진다?

2015 개정 교육과정이 2018학년도 신입생부터 적용되기 시작했습니다. 개정 교육과정은 문·이과 장벽을 허물고 창의융합적인 인재 양성을 목표로 합니다. 초등학교의 경우 한글, 독서교육 강화가 하나의 특징입니다. 중학교는 교과 학습량이 20% 줄고, 자유학기 교육과정 확대와 체험 중심 교과 활동이 강화됩니다. 학습 부담이 줄면서 그만큼 책 읽을 시간이 늘어나는 겁니다. 고교는 앞서 말했듯 '문·이과' 통합형 교육과정이 핵심입니다.

서울대는 2015 개정 교육과정을 "기존에 문과와 이과로 불리던 획

일적인 교육과정이 사라지고 학생 각자가 지닌 진로 목표와 적성에 따라 원하는 과목을 선택하여 공부할 수 있게 된 것이 가장 큰 특징"이라며 긍정적으로 평가하고 있습니다. 학생이 진로와 지적 호기심에 따라 선택 과목을 다양하게 들을 수 있다는 것이 바뀐 교육과정의 핵심입니다.

개정 교육과정에서 독서와 관련해서 아주 특별한 내용이 있었습니다. 인문학적 소양을 함양하기 위해 독서교육 강화를 목표로 한다는 것입니다. 목표 실현을 위한 방법도 구체적으로 제시합니다. 초등 3학년부터 고등학교까지 국어 수업 시간에 '한 학기 한 권 읽기'를 목표로 제시합니다. 그간 교육과정은 여러 차례 바뀌고 더 좋은 방향으로 변화해 왔지만 이번처럼 국어 시간에 한 학기 한 권 읽기의 학습 방법이 구체적으로 제시된 적은 없었습니다.

학교 교과 과정 속에 책 읽기가 포함되면서 학교 현장에서 많은 변화가 예상됩니다. 일단 교사 중심의 일방적 주입식 수업이 사라진다는 이야기죠. 물론 완전히 사라지는 것은 아니겠지만 강의가 줄어들고 학생들이 주도적으로 참여하는 수업의 비중이 늘어날 수밖에 없습니다. 학생들이 책 읽고 발표하고 토론하고 글을 쓰는 시간도 당연히 생기는 거지요. 한마디로 일본식 교육에서 핀란드 교육처럼 바뀌는 겁니다. 수행평가에서도 책과 관련된 활동이 더욱 중요해집니다. 과정 중심의 교육에서는 책을 읽은 다음에 하는 독후 활동이 곧바로 수행평가로 이어집니다. 독서록을 작성하고 독후감 서평을 잘 쓰고 발표를 잘하는 것이 학교 내신 성적을 끌어올리는 길이 됩니다.

새 교육과정은 사고력과 독해력을 측정하는 수능 대비도 공교육에서 이루어지도록 돕고 있습니다. 책을 읽으면서 책에 실린 정보를 파악하는 일은 사실적 사고를 키우는 일입니다. 책에서 알게 된 정보에서 더 나아가 체계적인 지식으로 발전할 경우, 추론적 사고가 형성됩니다. 책에 실린 내용을 자신의 관점에서 비판해 보는 연습은 비판적 사고를 돕습니다. 현실 문제에 적용해서 사례와 해결책을 생각하면 창의적 사고가 늘 것입니다. 자연스럽게 수능 대비도 독서를 통해서 이루어지는 것이지요. 그동안 학생들은 국어 교과서에 실린 작품들과 해석을 외워서 학교 시험을 치러왔거든요.

또 한 가지 독서와 관련된 특징은 사회 문제 탐구, 사회 과제 연구, 수학 과제 탐구, 과학 과제 연구 등 탐구 과목들이 늘어난다는 점입니다. 탐구 과목은 학생 스스로 주제를 찾아 자료를 찾아 읽고 문제를 찾은 뒤 그 문제의 해결책까지 고안해 내는 시간입니다. 학생이 자신이 원하는 주제를 선택해 관련된 자료(책 외에 논문 신문 기사 등도 포함되지만 결국에는 책입니다. 학생들에게 논문은 쓰기도 어렵지만 읽기는 더 어려운 법이니까요)를 찾아내는 과정에서 독서의 도움이 절대적으로 필요합니다. 이것이야말로 진정한 자기주도학습입니다. 초등학교 때부터 독서를 신경 써야 하며 고등학교 올라가서도 독서를 챙겨야 하는 것이 2015 개정 교육과정의 핵심이라고 말할 수 있습니다.

2022 입시 개편안에서 더욱 강화된 독서

2018년도 여름, 2022 입시 개편안이 발표되었습니다. 개편안 핵심에 대해 대부분 정시의 비율이 30% 이상으로 늘어나는 것을 꼽습니다. 수능으로 뽑는 인원이 늘어나는 만큼 수능의 비중이 늘어나는 것으로 이해합니다. 틀린 말은 아닙니다. 그런데 효과는 얼마나 클까요? 2019년도 현재 서울대는 정시 인원이 20% 내외이고 고려대와 성균관대는 그보다 조금 더 적습니다. 나머지 서울의 주요 대학들은 정시 인원이 30% 이상이거나 30%에 근접해 있습니다. 결국 서울대와 고려대, 성균관대가 문제지요. 이미 성균관대는 2020학년도 입시에서 정시 인원을 31.6%까지 늘렸습니다. 서울대와 고려대, 이 두 대학은 어떤 입장을 취할지 모르겠지만 정부가 방침을 정한 이상 따라갈 가능성이 높습니다. 서울대는 2022학년도부터 정시 30% 룰을 지킨다는 입장이고 고려대도 정시 인원을 30% 늘리는 방향으로 가겠다고 밝힌 상황입니다. 이렇게 되면 주요 대학의 수시와 정시의 비율은 대체로 7 대 3 정도가 될 가능성이 높습니다.

입시 개편안의 또 한 가지 축은 학생부종합전형(이하 '학종')에서 비교과로 불리는 부분이 대폭 축소되는 겁니다. 학교생활 기록부가 더욱 간소해집니다. 교내 상이 한 학기에 하나만 올라갈 수 있고, 자율 동아리 활동은 전에는 3개까지 허용됐는데 앞으로는 하나만, 그것도 동아리명을 포함해서 최대 30자만 기재됩니다. 창의적 체험 활동(자율 동아리 봉사, 진로 활동)이나 행동 특성 종합의견 등 학종에서 중요하게 작용했던 항목들의 기재 분량도 줄어듭니다. 그리고 청소년 소논문(R&E)은 학생부 어디에도 적을 수가 없습니다. 정부는 소논문 대신 탐구 보고서라는 말도 쓰지 못하도록 할 예정입니다. 독서는 이미 2018학년도부터 저자 이름과 책 제목만 적을 수 있도록 바뀌었는데 달라지는 것 없이 그대로 유지됩니다. 학종만 놓고 보면 독서 비중이 늘어났다고 볼 수도 없고 줄어들었다고 볼 수도 없습니다.

그런데 독서는 정말 아무 변화가 없을까요? 정시가 늘어나는 만큼 수능에서 국어의 위상은 더욱 높아질 겁니다. 2020학년도 수능에서는 수능 국어 31번 같은 고난도 문제를 지양하겠다고 했지만 정부는 사교육 문제 때문에 수학의 난이도를 높이는 것을 주저합니다. 결국은 국어 과목이 올해처럼 전체 난이도를 좌우할 가능성이 높습니다. 국어의 비중이 늘어난다는 것은 독해력의 중요성이 더욱 높아지는 것이고 독서의 필요성이 더욱더 늘어나리라는 전망이 가능합니다.

정시가 30% 이상 늘어남에도 여전히 대학 입시에서 대세로 작용할 학생부종합에서는 독서와 관련해 큰 변화가 예상됩니다. 동아리 활동, 소논문, 교내상 등의 비중이 줄어드는 만큼 다른 무언가의 비중이 올라가겠죠. 일단 내신의 비중이 올라갈 가능성이 높습니다. 내신은 지필 평가 위주의 객관식 시험이 아닌 학생의 발표, 토론, 에세이, 독후감 쓰기 등 과정 중심 평가로 바뀌게 되었습니다. 내신에서 상대적으로 좋은 평가를 받기 위해서는 독서 활동이 전제가 되어야 합니다. 창의적 체험 활동과 담임선생님의 행동 특성 및 종합 평가 분량이 줄어들지만 과목별 세부능력 특기사항은 그대로 유지됩니다. 결국 학생들은 학교 수업에서 배운 내용을 독서를 통해 심화했고 이를 독후감이나 토론, 발표 등 구체적 활동으로 완결시켰다는 것을 증명해야 합니다. 이 방법은 5장에서 자세히 다루겠습니다.

요컨대 2022 입시 개편안 이후 수능은 더욱 중요해지고 내신도 더욱 중요해지는데 이와 관련한 개념 독서와 교과 독서의 비중과 필요성이 더욱 늘어났다는 이야기입니다.

독서로 전공 적합성을 파악한다

학종에서 교내 상의 비중이 줄고, 자율 동아리도 못 적고, 창의적 체험 활동이나 행동 특성 및 종합 의견의 분량도 줄어든다면 대학은 무엇을 가지고 학생의 비교과를 판단할까요? 한 가지 덧붙여 말하면 학생의 진로 희망과 사유를 적는 항목도 2019년도 신입생부터는 사라집니다. 학종에서 대학들이 가장 비중 있게 보는 전공 적합성을 판단하기 어려워진 셈입니다.

방법은 두 가지가 있습니다. 대학이 전공 적합성의 비중을 전보다 줄이는 일입니다, 대신 인성, 리더십, 학업, 역량 발전 가능성 등의 비중을 높이면 됩니다. 그중에서 학업 역량이 제일 중요해지겠죠. 학업 역량을 평가할 때 전공 적합성을 조금 더 높게 비중을 두는 방법도 있습니다. 예를 들어서 경제학과에 진학을 원하는 학생들은 수학 그중에서도 확률과 통계의 비중을 두 배로 계산하는 방식입니다.

또 한 가지 예상되는 시나리오는 전공 적합성의 비중은 그대로 유지한 채 다른 방법으로 전공 적합성을 평가하는 것입니다. 대학들, 특히 교수사정관들은 자신이 뽑는 학생들이 전공에 대해서 생각하고 고민을 충분히 했으면 하는 바람을 갖고 있습니다. 좋아하는 학과에 지원했을 때 나중에 학생들이 학과에 대한 만족도가 높고 휴학이나 자퇴 등을 덜하기 때문입니다. 정부 당국은 생각이 다를 수 있지만 대학의 교수들은 학생들의 전공 적합성을 여전히 높게 평가하고 싶고 오히려 더욱더 강화하고 싶을 겁니다.

이럴 경우 두 가지가 예상됩니다. 지금 현재 독서 활동에서 학생들이 적어내는 책 제목과 저자의 정보들을 통해 진로 관련 독서를 얼마나 했는지 파악하는 방법입니다. 물론 책 제목과 저자 이름만으로 학생의 전공 적합성을 파악하는 데는 한계가 있습니다. 그러나 학생부의 다른 항목이나 자소서를 통해서 그리고 면접을 통해서 확인할 수 있는 방법도 있습니다. 특히 면접에서 독서는 더욱 중요해질 전망입니다.

지난 2018년도 서울의 모 대학 학생부종합전형 면접에서 있었던 일입니다. 한 대학의 법학과 학생에게 교수님은 면접 시작하자마자 자기소개를 물었습니다. 이 학생은 자기소개를 지원 동기로 대신했습니다. 그러자 교수님은 지원 동기를 뒷받침하는 질문, 전공 적합성을 판단하기 위한 독서 질문을 던졌습니다.

교수 판결과 관련된 책을 읽었는데 인상 깊었던 판결은 무엇입니까?
학생 (당황해서) 읽은 지 꽤 된 책이라 기억은 나지 않지만 법이 따뜻할 수도 있다는 것을 처음 느꼈던 책입니다.

이 학생의 대응은 괜찮은 걸까요? 이 학생은 책 내용을 제대로 기억하지 못했습니다. 책을 먼저 소개하고 그 책 내용 중에서 어떤 판결이 인상 깊었는지를 대답했어야 했는데 뭉뚱그려 어떤 책인지에 대해서만 답변했습니다. 이 학생이 이렇게 부족한 답변을 한 이유는 자소서(주로 4번 지원 동기)에 쓴 책이 아니라 1학년 때 학생부 독서 활동에 적은 책이었기 때문입니다. 그래서 당황한 것이고 읽은 지 오래된 책이라 기억나지 않았던 겁니다. 그러자 교수님은 이 학생에게 추가 질문을 합니다. 교과 활동이 적혀 있는 3학년 1학기 세부능력 특기사항에서 법과 정치 과목에서 질문 거리를 찾습니다. 《미국 배심재판 제도의 연구》라는 책을 읽었다고 적혀 있었습니다, 시드니 루멧 감독의 영화 〈12명의 성난 사람들〉을 보고 미국 사법제도가 궁금해 이 책을 읽었다고 적혀 있었습니다. 이 학생이 본 영화는 법률 영화로 아주 유명한 고전 중의 고전입니다. 억울하게 범인으로 몰린 한 소년에 대해서 다른 대부분의 배심원들은 유죄를 확신하는데 한 사람만이 의심하고 진실을 밝히려고 노력합니다. 이와 관련해 추가 질문이 이어졌습니다.

교수 학생부에 보면 영화 〈12명의 성난 사람들〉을 보고 미국 배심원제의 문제점을 느꼈다고 하는데 그 이유는 무엇인가요?

학생 그 영화를 본 뒤 《미국 배심재판 제도의 연구》를 읽었는데 이 책과 영화를 보면 미국은 만장일치 배심원제를 채택하고 있었습니다. 만장일치제를 시행할 경우 재판에 관심이 없는 사람들이 다수의 의견에 따라 선택할 수 있기 때문입니다.

교수 그렇다면 대안은 무엇인가요? 배심원제를 어떻게 하는 게 좋겠어요?

학생 배심원제를 판사의 판결에 일부 반영할 수 있으면 좋겠습니다. 결정은 판사가 하는 것이고 판사가 결정을 내릴 때 배심원들의 판결을 반영하는 것으로 바꾸면 될 것 같습니다.

학종에서 해당학과 교수들이 면접을 진행합니다. 전공 적합성을 물어볼 수밖에 없고, 이를 확인하기에 좋은 방법은 학생이 읽은 책에 대해 물어보는 것입니다. 대부분 면접이 이런 방식으로 이뤄집니다. 이 학생이 지원한 법학과 외에 다른 학과, 이공계에서도 이렇게 책을 갖고 전공 관련 소양과 지식을 물어봅니다. 학생부종합 서류 평가에서 전공 적합성을 확인하기가 어려워진다면 면접에서 직접 알아보는 방식은 앞으로 더욱 늘어날 것으로 보입니다.

특목고, 자사고 입시도 독서에 달려 있다

특목고, 자사고 입시는 대학의 학종과 유사한 자기주도학습 전형으로 선발합니다. 자기주도학습 전형은 학생부와 자기소개서, 면접으로 학생을 뽑습니다. 물론 1단계는 내신 평가로 이루어지기 때문에 대학의 교과전형과 학생부종합전형을 결합한 형태로 진행됩니다.

1단계를 통과한 학생들은 내신이 비슷해 실제로는 자기소개서를 포함한 면접에서 당락이 결정되기 마련입니다. 면접에서는 어떤 질문을 할까요?

1) 대원외고: 독서를 통해서 얻을 수 있는 장점이나 효용성을 설명해 보세요.
2) 서울국제고: 《기억 전달자》 이외의 책을 읽고 영어로 감상문을 적은 경험을 한국어로 소개해 보고 유니세프 국제공무원으로서 필요한 인문학적 소양을 어떻게 길러 왔는지 말해 보세요.
3) 마추홀외고: 자신이 읽은 책 중에서 가장 인상적인 부분을 소개하고 본인이 주인공이라면 어떻게 행동하였을지 말해 보세요.

4) 대전외고: 여행은 걸어 다니는 독서이고 독서는 앉아서 하는 여행

이다. 왜냐하면 000이기 때문이다. 그래서 나는 000을 할 것이다.

빈 칸을 채워 보세요.

5) 한성과고: 《정의란 무엇인가》를 읽었는데 본인이 생각하는 정의

란 무엇인가요?

6) 경남과고: 요즘 읽고 있는 책이 있나요. 그 책 내용을 설명해 보세요.

과학고, 외고, 국제고 할 것 없이 면접 때 책에 대한 이야기를 많

이 물어봅니다. 이 중에서 읽은 책 내용과 관련해서 인상 깊었던 부분

을 직접적으로 물어보는 질문도 있지만 2번과 4번 질문처럼 독서 그 자

체에 대해서 깊이 생각해야 답변할 수 있는 철학적인 질문도 있습니다.

고등학교 3학년 학생이 아닌 중학생이라면 어려울 수밖에 없습니다.

4번은 창의적인 질문입니다. 빈칸을 채우는 것인데 그 답변은 그야말

로 백인백색으로 다양할 수밖에 없습니다. 이런 답변이 가능하겠지요.

"여행을 제대로 하려면 그 나라와 관련된 책을 읽고 그 나라와 문

화에 대해서 먼저 파악한 뒤 나중에 여행해야 합니다. 그래야 그 나

라의 진짜 모습을 파악할 수 있기 때문입니다. 또 독서는 앉아서 하

는 여행일 수밖에 없습니다. 제가 독일의 대문호 괴테의 《젊은 베르

테르의 슬픔》을 읽는다면 저는 앉아서 독일 여행 그것도 18세기 독

일을 시간여행한 것과 다름없죠. 저는 앉아서 하는 여행과 돌아다니

면서 하는 독서 중에서 앉아서 하는 여행을 선택하겠습니다. '아는 만

큼 보인다'는 말이 있습니다. 지식을 먼저 채우고 그리고 감상은 그다

음에 이루어져야 한다는 말이지요. 저는 책을 통해서 지식을 먼저 습득

한 후 여행함으로써 제가 본 것의 진정한 의미를 깨달을 수 있는 여행을 하고 싶습니다."

한 가지 놀라운 사실은 과학고를 지망하는 중학생인데도 마이클 샌델의 《정의란 무엇인가》를 읽었다는 점입니다. 특목고, 자사고, 영재고를 준비하다 보면 이런 식으로 자연스럽게 선행 독서를 하게 됩니다. 책을 좋아하는 학생들이 특목고, 자사고를 가는 것도 사실이지만 그 반대로, 특목고와 자사고를 가기 위해 책을 좋아해야 하는 것도 명백합니다.

02

독서력, 독해력, 문해력
그리고 스터디 독서

대학에 가는 AI vs. 교과서를 못 읽는 아이들

일본에서는 지난 2011년부터 AI 로봇이 도쿄대학에 입학시험을 치르는 프로젝트가 10년 예정으로 진행 중입니다. 도쿄대학 입학시험을 치르는 로봇, 도로보군은 지난해인 2018년도에도 시험을 치렀으니 8수생입니다. 국내와는 달리 본고사가 있는 일본 명문대학들은 대학별 고사를 치러 합격, 불합격을 판정하는 방식입니다. 도로보군은 한 번도 도쿄대학에 붙은 적(즉 합격권의 점수를 받은 적)이 없습니다. 그러나 놀라운 사실은 일본의 주요 사립대 릿교대학, 메이지대학, 호세이대학 등에는 이미 합격을 했다는 겁니다. 우리로 치면 서울대 시험에는 떨어졌지만 서강대나 한양대 급의 대학에 합격한 수준이라는 이야기입니다. 도로보군이 도쿄대학에 불합격하는 이유는 수학 성적은 이미 합격권에 들어와 있는데 언어(일본어) 성적이 합격권에 이르지 못하기 때문입니다. 이 프로젝트의 책임자이자 《대학에 가는 AI vs. 교과서를 못 읽는 아이들》의 저자 아라이 노리코는 AI 기술(저자는 AI는 아직 등장하지 않았기에 AI로 향하는 기술이라는 뜻에서 AI 기술이라는 용어를 사용했습니다)에게 고도로 복잡한 문맥의 이해 추론 등은 아직 먼 이야기라는 사실을 강조합니다. 결국 AI와 인간을 구분 짓는 가장 중요한 요소를 독해력이라고 볼 수 있습니다. 말귀를 알아듣는다는 뜻으로 사용하는 독해력은 인간과 AI를 구분 짓고 AI가 감히 대체할 수 없는 인간 본연의 능력이라고 저자는 강조합니다. 이 책은 공부 잘하는 학생이 독해를 잘하는 것이 아니라 독해를 잘하는 학생이 공부를 잘한다고 주장합니다. 교육 현장에서 일하는 사람들은 당연히 알고 있는 상식입니다.

비록 도쿄대학에 합격할 국어 점수는 아니더라도 AI 도로보군보다 못한 독해력 소유자가 일본 학생 중에 80%(도로보의 독해력은 상위 20% 수준입니다. 수학은 상위 1%입니다)나 차지한다는 점은 충격이었습니다. 물론 20%는 뛰어난 학생들이겠죠. 하지만 인터넷, SNS 등에 수많은 정보와 글이 넘쳐흐르는 세상에서 일본의 많은 학생들이 교과서도 제대로 못 읽고 있는 것은 일본이 독해의 양극화가 얼마나 심각한지 알 수 있습니다.

우리의 현실은 어떨까요? 국제 학업 성취도 평가에서 우리와 일본은 상위권으로 비슷한 성적대인 나라입니다. 독해력은 우리나라가 2006년에는 1위를 차지한 적도 있었는데요, 가장 최근인 2015년도에는 4위에서 9위권으로 내려앉았습니다. 참고로 일본은 우리보다 한 계단 밑인 5위에서 10위 사이입니다. 일본은 한국보다 수학과 과학에서는 앞서 있습니다. 노벨 과학상을 단골로 받는 이유가 있는 것이지요. 일본과 우리는 독해력 면에서 비슷한 처지입니다.

아라이 노리코는 RTS라는 이름의 체계적인 독해력 검증 시스템을 구축했습니다. 책에 소개된 사례에서 다음의 문제에 일본 중학교 2학년 학생 2명 중 1명만이 정답을 맞힌 것으로 나옵니다.

문제 1. 다음 문장을 읽으시오.
불교는 동남아시아, 동아시아에, 크리스트교는 유럽, 남북아메리카, 오세아니아에, 이슬람교는 북아프리카, 북아시아, 중앙아시아, 동남아시아에 퍼져 있다.

문맥을 고려할 때 다음 문장의 빈칸에 들어갈 적당한 말을 선택지에서 하나만 고르시오.
오세아니아에 퍼져 있는 것은 (   ) 이다.
① 힌두교 ②크리스트교 ③이슬람교 ④불교

정답을 고른 학생은 55%이고 25%에 달하는 많은 학생이 4번 불교를 택했습니다. 아라이 교수는 학생들이 진지하게 문제를 푼 결과라고 말합니다. 실제 힌두교는 지문에 나와 있지 않아서 오답률이 낮았다는 거죠. RTS처럼 컴퓨터를 사용해서 테스트한 덕분에 통계적으로 유의미한 데이터를 가려낼 수 있었답니다. 이 55%의 정답률이 선택지 고르는 방식이나 버튼을 누르는 속도 등에서 의욕 없이 장난으로 임하는 수험자를 걸러냈고 이들을 통계치에서 제외한 결과라는 것이 더욱더 충격적으로 다가옵니다. 우리의 현실은 어떨까요? 일선에서 독서교육을 하는 분들의 이야기를 들어보면 교과서 독해가 안 되는 학생들이 어떻게 다른 책을 읽을 수 있겠느냐고 합니다. 일본보다 더하면 더했지 덜하지 않을 것 같습니다.

독서력, 독해력, 문해력, 어휘력의 차이

다음 3가지 능력 중에서 마음에 드는 것을 골라보세요. 아니 여러분 혹은 여러분의 자녀나 제자들이 어떤 능력을 갖추었으면 하나요?

1) 글을 읽어서 뜻을 이해하는 능력
2) 책을 읽어서 이해하고 즐기는 능력
3) 글을 읽고 쓸 줄 아는 능력

글을 읽는 능력이란 점에서는 공통점이 있는데, 조금씩 어감이 다릅니다. 국어사전에서 인용한 내용인데, 첫 번째 것이 독해력, 두 번째가 독서력, 세 번째가 문해력입니다. 1번과 2번이 비슷하고 3번은 조금 다르지요. 문해력은 글을 읽고 쓰는 능력으로 쓰기를 포함시킵니다. 반면 독해력은 쓰는 능력과는 거리가 먼 오직 읽기 능력으로 볼 수 있죠. 독서력은 이해 더하기 즐기기입니다. 자신이 읽은 것의 의미를 파악하고 그것을 즐기는 수준까지 왔다면 이게 가장 바람직하지 않을까요?

실제 일본의 독서 천재이며 최고의 교육 심리학자인 메이지대학의 사이토 다카시 교수는 독서력이란 단어를 즐겨 사용합니다. 그에게 독서력은 팔굽혀 펴기 같은 운동 능력입니다. 운동을 하는 근육이 두뇌라는 점이 기존 운동과 다르지요. 두뇌 근육을 키워주는 사고 운동이 바로 독서라는 것이 그의 주장입니다.

저는 개인적으로 이 셋의 차이를 입시와 연관 지어 이렇게 이해합니다. 독해력은 수능 국어와 가장 연관이 높습니다. 글을 읽으면서 정확하게 이해하는 능력으로 주어진 시간 안에 주어진 자료를 이해하는 능력입니다. 시간의 한계가 주어진 만큼 즐기고 감상할 여유가 없습니다. 독해력은 그런 면에서 전쟁을 치르는 기분입니다,

반면 독서력은 즐기는 단계까지 가니, 학종에서 필요한 진로 독서에 특히 어울립니다. 진로 성숙도와 전공 적합성이란 내가 즐기고 좋아하는 감정이 없으면 성취하기 어려운 역량이기 때문입니다. 읽고 쓰기까지 포함되는 문해력은 교과 독서에 맞습니다. 학교 공부와 연관된 학습 독서를 하면서 각종 글쓰기, 수행평가에 척척 대처하는 능력을 뜻하기에 문해력이라는 용어가 적절합니다.

수능 국어는 독해력 외에 한 가지 능력이 더 필요합니다. 바로 어휘력입니다. 어휘력은 사전적 의미로는 어휘를 마음대로 부리어 쓸 수 있는 능력을 뜻합니다. 어휘력이 수능에서 특히 중요한 이유는 낯선 지문을 접하면 당연히 낯선 어휘를 만날 때가 많기 때문입니다. 또 한 가지 이유로, 답지 때문입니다. 학생들이 오답을 고르는 근본적인 이유가 어휘력 부족에 있습니다. 지문에 나와 있는 단어를 답지에서는 다른 단어로 바꿔 가면서 학생들을 헷갈리게 하고 매혹적인 오답으로 이

끌기도 합니다. 어휘력이 없으면 독해력을 키우는 것도 어렵습니다.

속도와 정확성 둘 중에 뭐가 더 중요할까?

앞서 인용한 아라이 노리코의 《대학에 가는 AI VS 교과서를 못 읽는 아이들》을 보면 독해력을 4가지로 나누고 있습니다. 동의문을 고르는 능력, 이야기를 읽고 새로운 정보를 찾아내는 추론 능력, 이미지 동정(제시문을 글로 주고 선택지에 그림과 그래프가 나오는 유형으로 국내 수능 국어 시험 중 가장 어려운 유형에 속합니다), 구체예 동정(문제에 나온 정의를 읽고 그 정의에 해당하는 사례를 고르는 유형으로 실제 수능에서도 변별력 있는 문제입니다) 등 4가지입니다.

정확히 수능 국어 영역의 행동 영역과 일치합니다. 한국의 수능 시험과 일본의 센터 시험(지금은 사라졌습니다), 미국의 SAT 영어 시험이 모두 독해력을 측정하는 시험이기 때문입니다.

독해력을 수학 공식처럼 정의 내릴 수 있을까요? 저는 속도와 정확성의 합이라고 하고 싶습니다. 독해력은 읽는 속도와 자신이 읽은 내용을 얼마나 정확히 이해했는지 이해도를 뜻합니다. 속도와 정확성 중에서 어떤 게 더 중요할까요? 당연히 속도라고 생각하는 분들이 많겠지만 이렇게 볼 수도 있습니다. 학생들이 읽는 속도는 빠른데, 정확성이 떨어지면 오답을 고를 확률이 그만큼 높습니다. 실제 이들이 정답을 고르려면 다시 지문을 읽어야 하는 만큼 문제를 풀면 풀수록 읽는 속도가 떨어집니다. 반면 속도는 떨어지는데 정확도가 높은 학생들은 어떨까요? 이들은 수능 시험에서 시간이 부족할 수 있습니다. 어려운 문제가 많이 나오면 속도가 느린 학생들은 피해를 볼 수밖에 없습니다. 그런데 대부분의 학생들은 속도를 올리면 정확성이 떨어지고, 정확성이 늘어나면 속도가 떨어지는 딜레마에 처합니다. 속도도 높이고 정확성도 높이는 좋은 방법이 독서입니다. 스토리에 빠지는 독서가 아닌 지식과 정보 위주의 독서 시간을 늘리면 자연스럽게 책 읽는 속도가 빨라지고 이해도가 늘어납니다.

수능 1등급 학생들은 1분에 몇 자를 읽을까?

다음 표는 강남 모 학교 학생들의 독해력을 측정한 결과입니다. 앞에서 말씀 드린 대로 정확도와 속도가 표시되어 있습니다. 상대적으로 수능을 잘 보는 강남의 학생들이라서 그런지 전반적으로 정확도는 높은 편입니다. 반면 속도는 편차가 있습니다. 가장 느린 학생이 1분에 376자를 읽고 가장 빠른 학생이 1분에 2020자를 읽습니다. 어마어마한 차이가 납니다. 여기서 궁금한 점은 과연 이 학생들은 수능(아직은 수능을 치르기 전이니 모의고사 성적이죠) 국어 점수가 어느 정도 나올까 하는 것입니다.

No	학년	이름	독해력 진단 결과	
			정확도	속도
1	고1	김OO	80	708
2	고1	김OO	60	1017
3	고1	김OO	80	639
4	고1	김OO	90	733

5	고1	김OO	80	904
6	고1	박OO	90	400
7	고1	오OO	90	514
8	고1	유OO	80	747
9	고1	이OO	50	607
10	고1	이OO	70	801
11	고1	정OO	70	456
12	고1	한OO	90	1276
14	고2	박OO	100	376
15	고2	송OO	60	608
16	고2	심OO	80	499
17	고2	유OO	90	505
18	고2	윤OO	80	751
19	고2	윤OO	80	1770
20	고2	이OO	90	946
21	고2	이OO	80	466
22	고2	최OO	70	608
23	고2	홍OO	60	580
24	고2	황OO	80	494
25	고2	황OO	90	596
27	고3	김OO	70	537
29	고3	오OO	100	471
30	고3	유OO	90	565
31	고3	정OO	90	804

| 32 | 고3 | 정○○ | 80 | 2020 |
| 33 | 고3 | 조○○ | 90 | 714 |

　　5번, 19번, 31번, 32번 학생이 모의고사 국어에서 1등급을 꾸준히 받는 학생들입니다. 독해 속도에서 발군의 실력을 보였던 19번 학생과 32번 학생은 속도가 무려 분당 1,000자가 넘습니다. 한 명은 2,000자가 넘습니다. 그 내용이 무엇인지 80%는 이해하면서 말이지요. 이 학생은 속도를 조금 줄이고 정확성을 조금 더 높인다면 수능 국어 1등급이 아니라 만점도 가능할 것 같습니다. 31번 학생은 속도는 조금 느린데, 정확성은 90으로 상대적으로 높습니다. 이런 학생들은 조금 쉽게 수능이 출제되는 해에는 문제가 없는데 어렵게 출제될 때는 조금 어려움을 겪을 수 있습니다.

　　반면 14번 학생은 100% 이해는 하지만 속도는 거북이걸음입니다. 분당 376자니 느려도 너무 느립니다. 도대체 이 학생은 몇 등급을 받았을까요? 2등급을 받았습니다. 2등급 학생들 중에 이런 학생들이 의외로 많습니다. 제 제자 중에서 전국 단위 자사고에 다닌 학생이 있었습니다. 그 학생은 수시나 정시 둘 다로 의대 진학을 노려볼 수 있을 정도로 내신과 모의고사 성적이 좋았습니다. 그러나 모의고사에서 항상 국어는 2등급이었습니다. 이 학생은 독해력 측정 결과를 보면 그 이유를 짐작해 볼 수 있습니다.

독해력 진단

　이 학생은 항상 2%가 부족한 1등급이었습니다. 독해력 진단에서 볼 수 있듯이 약점은 독해가 아닌 독서에 있었습니다. 독서 습관 중에서 무려 4개나 결함이 발견됩니다. 독서량이 상대적으로 부족한 전형적인 이과형 학생이었는데, 그중에서 두꺼운 책을 읽은 경험의 부족이 눈에 띕니다. 이러한 독서 습관 때문에 1등급을 못 받고 항상 2등급에 머물렀던 겁니다. 저는 이 학생과 몇 차례 독서 수업을 진행했습니다. 이 학생이 약한 인문, 사회, 고전과《코스모스》같은 두꺼운 책을 읽고 3장에 소개한 독후 활동을 하였습니다. 몇 차례 수업을 하면서 독서 습관을 교정한 결과 수능에서 1등급을 받고 본인이 원하는 의대에 당당히 합격할 수 있었습니다.

독해력에서 속도와 정확성 모두 중요하지만 먼저 챙겨야 할 것은 속도입니다. 독서를 통해 읽기 속도를 올리면 정확도도 함께 좋아질 수 있습니다. 그리고 2등급과 1등급을 가르는 기준은 독서 습관에 있다는 사실도 알 수 있습니다. 만년 2등급에서 벗어나려면 두꺼운 책 읽기에 도전해 처음부터 끝까지 완독하는 독서 습관을 갖는 것이 도움이 됩니다.

민사고 학생들이 독해력이 뛰어난 이유

조선일보에 입시 칼럼을 연재할 당시 제가 쓴 기사 때문에 민사고 교감선생님에게 전화 한 통을 받았습니다. 전국의 자사고, 영재고, 외고, 국제고 중에서 독해력이 가장 높은 학교는 민사고라는 통계 결과를 발표했기 때문입니다. 어떻게 나온 통계 결과인지 궁금하다는 내용이었습니다. 제가 일하던 곳에는 15만 건 정도의 독해력 측정 결과가 누적되어 있습니다. 연령별뿐 아니라 지역별, 출신 학교별로도 데이터가 집계됩니다. 기사에서는 논란의 소지가 있어서 1등 학교만 발표했습니다. 민사고는 정확성 90%, 속도 1분에 1,000자를 평균적으로 기록한 전국에서 유일한 학교였습니다. 이 수치는 공무원 시험을 준비하는 대학생들의 독해력보다 뛰어난 것으로 기억합니다.

통계가 나오기 전에도 저는 민사고 학생들의 독해력이 단연 높을 것으로 예상했습니다. 주로 의대 면접 강좌에서 민사고 학생들을 만나 보면 확실히 다릅니다. 특히 독해력에서 차이가 났습니다. 질문의 요지를 파악하고 평가자가 듣고 싶어 하는 이야기를 논리정연하게 말하는 능력이 탁월합니다. 학교명을 보지 않고도 학교를 알아맞힐 수 있을 정도였습니다. 민사고는 2019학년도 수시에서 서울대 의대에만 합격자를 4명 배출했습니다. 전교 1등부터 4등까지 4명이 1단계를 통과했는데 면접에서 모두 합격했습니다. 서울대 의대 수시 합격생 숫자는 전국 최고입니다.

민사고 학생들이 독해력이 우수한 이유는 두 가지 원인으로 풀이됩니다. 우선 학교의 독서 프로그램이 좋습니다. 또 한 가지는 민사고가 교육과정에서 독서와 토론을 강조해 입학할 때부터 그쪽으로 특화된 인재들이 지원하기 때문입니다. 최근에는 문항이 바뀌었지만 얼마 전까지만 하더라도 입학 자소서에 서울대처럼 3권의 독서 활동을 쓰게 하기도 했습니다. 민사고 독서 프로그램의 꽃은 사제동행 독서 시간입니다. 스승과 제자가 같은 책을 읽고 토론한 뒤 독후감을 씁니다. 그 목록은 다음 표와 같습니다. 《종의 기원》, 《죄와 벌》, 《논어》, 《사기》 등의 동서양 고전들이 총망라되어 있습니다. 어떤 책으로 토론할지는 학생들이 자발적으로 결정합니다. 원서들도 상당수 포함되어 있습니다. 선생님들은 학생부에 자신의 제자와 함께 어떤 대화를 나누었는지 써줍니다. 학생들이 같은 책을 읽어도 다른 내용을 말하기에 학생부 자체가 백인백색일 수밖에 없습니다. 독서 위주로 쓰인 학생부는 지적인 분위기를 다분히 풍깁니다.

이 학교는 최근에 융합 독서를 도입했습니다. 인문, 사회, 과학, 수학, 예술교사 9명이 팀을 이뤄 수업을 진행해 각 학문 영역이 가지고 있는 고유하고 특징적인 사고를 체험하도록 하는 것이 목표라고 합니다. 학기마다 공통주제를 선정하고 해당 주제를 가장 잘 보여준 도서를 선정한 뒤 학생들의 독서 협업 발표 토론, 결과물 만들어내기 등의 체험과 활동을 중심으로 수업을 진행합니다. 2학년 때는 융합 상상력, 3학년 때는 융합 프로젝트로 전문성의 심화를 추구하고 있습니다. 독서를 통해 독해력을 키우고 대입 면접 준비까지 완벽하게 하는 셈입니다.

민사고 권장 도서 목록

No	서명	저자	출판사
1	생명이란 무엇인가	에르빈 슈뢰딩거	궁리
2	엘러건트 유니버스	브라이언 그린	승산
3	종의 기원	다윈	동서문화사
4	논어		
5	사기	사마천	육문사
6	제국의 바다 식민의 바다	주강현	웅진지식하우스
7	칼의 노래	김훈	생각의나무
8	백범일지	김구	돌베개
9	직업으로서의 학문	막스 베버	나남
10	우리 수학자 모두는 약간 미친 겁니다	폴 호프만	승산
11	갈매기의 꿈	리처드 바크	
12	노인과 바다	어네스트 헤밍웨이	
13	Romeo and Juliet	William Shakespeare	Oxford
14	한국의 미 특강	오주석	솔
15	데미안	헤르만 헤세	민음사
16	안나 카레리나	톨스토이	민음사
17	페스트	Albert Camus	책세상

18	Crime and Punishment	F. Dostoevsky	Bantam
19	The Diary of a Young Girl	Anne Frank	Everyman
20	광장	최인훈	문학과지성
21	난장이가 쏘아 올린 작은 공	조세희	이성과힘
22	다산 정약용 유배지에서 만나다	박석무	한길사
23	과학혁명의 구조	토머스 쿤	까치글방
24	내 생애의 아이들	가브리엘 루아	현대문학
25	도덕경	노자	현암사
26	바람의 그림자	카를로스 루이스 사폰	문학과지성사
27	생각의 탄생	로버트 루트번스타인 외	에코의서재
28	설득의 심리학1, 2	로버트 치알디니	북21
29	양철북	귄터그라스	민음사
30	우파니샤드		불특정
31	장자, 차이를 횡단하는 즐거운 모험	강신주	그린비
32	지금 이 순간을 살아라	에르하르트 톨레	양문
33	파인만 씨 농담도 잘 하시네 I, II	리처드 파인만	사이언스북
34	ALICE S ADVENTURES IN WONDERLAND & THROUGH THE LOOKING GLASS	루이스 캐롤	PenguinBooks
35	iCon 스티브 잡스	윌리엄 사이먼	민음사
36	Sophie's World	J. Gaarder	

훑어 읽으면서 깊이 읽기

2018학년도 서울대 수시 일반 전형 인문 사회계 면접에서 선형 독서와 비선형 독서의 차이를 묻는 문제가 나온 적이 있습니다. 당시 제시문은 이랬습니다. 글쓰기에 타자기를 이용한 니체와 영국의 택시 운전사들이 기억보다 지도에 의존한다는 내용의 국문 제시문 두 개가 주어졌습니다. 영문으로 온라인 독해 프로세스에 관한 제시문이 세 번째였죠. 다음과 같은 시각 자료가 딸려 있었습니다. 독해력이 좋은 학생이라면 지문 내용을 해석하지 않아도 사진만 봐도 출제 의도가 보이는 그런 사진이었습니다.

비선형 읽기

서울대 측은 문항해설에서 이렇게 밝혔습니다.

(다)의 실험결과는 온라인에서의 글 읽기 습관이 학교에서 배운 것처럼 선형적인 '깊이 읽기'가 아니고 '훑어 읽기' 방식임을 보여주고 있다. 그림에서 볼 수 있듯이 인터넷의 사용자들은 텍스트의 모든 내용을 읽는 것이 아니라 필요한 부분만 찾아 읽어 내려간다.
우리가 인터넷을 통해 접하는 정보는 방대하고 비선형적으로 구조화되어 있어 온라인에서의 글 읽기는 짧은 시간 동안 빠르게 훑어 읽는 방식으로 바뀌고 있는 것이다. 이러한 습관은 온라인에서의 읽기뿐만 아니라 다양한 정보를 습득하는 방식에도 영향을 줄 것이다.

선형 읽기와 비선형 읽기의 차이를 알기 전에 먼저 선형성과 비선형성에 대한 개념부터 알아야 합니다. 선형은 뿔뿔이 흩어져 있는 상태입니다. 선형 읽기는 여기서 출발합니다. 종이 신문을 생각하시면 됩니다. 종이 신문의 기사들은 같은 페이지에 서로 다른 내용들이 실려 있죠. 독자들은 한 기사를 읽은 다음에는 시선이 이동해 옆에 있는 전혀 다른 내용의 기사를 읽을 수가 있습니다. 아날로그적인 종이 신문 읽기가 전형적인 선형 읽기입니다. 종이 신문을 읽게 되면 속도는 떨어지지만 왠지 깊이 있는 정보를 얻었다는 느낌을 받는 이유는 아날로그적인 특징 때문이라고 봐야 합니다.

비선형은 선형과 달리 서로 상호 작용하는 상태입니다. 독립형이 아닌 상호의존형이 비선형이라고 할 수 있지요. 비선형은 흔히 카오스라고 불리기도 합니다. 서로 의존하는 것을 넘어서 때로는 서로 얽히고 휘말릴 수도 있기 때문입니다. 쉽게 생각해서, 독립된 개별적 인간이 선형이라면 인간들 간의 관계가 비선형입니다. 비선형은 복잡하지요. 비선형 읽기도 복잡합니다. 서로 연결된 것을 하이퍼 텍스트 기능을 이용해 파고들면서 빠르게 넘어가는 형태의 읽기가 바로 비선형 읽기입니다. 하나의 기사를 꼼꼼히 읽는 정도는 종이 신문보다 떨어지지만 하나의 사건에 관한 다양한 의견을 얻고자 할 때는 연관 기사 읽기 기능을 이용할 수 있는 비선형 읽기가 더 유리합니다. 비선형 읽기는 F자 형태로 시선이 이동한다고 해서 'F shaped gaze'라고도 표현합니다.

요즘 학생들이 예전보다 독해력이 떨어진다면 그것은 인터넷을 통한 글 읽기인 비선형 독해 때문일 수도 있습니다. 무엇 하나에 집중하지 않고 이것저것 관심의 촉수만 넓히고 있다고 그런 학생들의 읽기 방식을 비판적으로 볼 수 있습니다. 반대로 요즘 학생들이 예전보다 독해력이 뛰어나다면 이 역시 인터넷의 확장성, 하이퍼텍스트 읽기의 힘으로 볼 수 있죠. 토론 수업을 하다 보면 요즘 아이들은 전보다 균형 잡힌 의견을 개시하는 편인데 그 이유는 풍부한 지식, 인터넷 덕분에 자신의 주장을 뒷받침하는 근거와 상대측의 반론에 대해 더 잘 파악할 수 있게 된 결과로 보입니다, 이는 비선형 독해 덕분이라고 볼 수도 있죠. 선형 독해와 비선형 독해는 각각 장단점이 있습니다. 선형 독해와 비선형 독해는 모순 개념이나 반대 개념이 아니라 음과 양처럼 서로가 서로를 보완하는 관계로 이해하는 것이 좋습니다. 독해력을 키우고 싶다면 종이 신문과 온라인 신문을 함께 보면서 선형 읽기와 비선형 읽기를 모두 다 사용할 수 있어야 합니다. 깊이 읽기에도 능하고 훑어 읽기에도 강한 양수겸장의 인재로 성장하는 방법입니다.

워킹 메모리를 늘려라

하위권 학생들이 상위권으로 진입하려면 제대로 된 읽기부터 확립되어야 합니다. 제대로 읽는 법이란 단어 위주가 아니라 의미 단위로 읽는 것을 말합니다.

"독해력은 공부의 기본이다. 세상의 모든 지식은 글로 되어 있고 그 글을 읽고 이해해 자기 것으로 만드는 일이 공부의 전부이기 때문이다."

이 문장을 읽을 때 중하위권 학생들은 단어마다 한 번씩 호흡이 끊어지지만 상위권 학생들은 의미 단위로 끊어 읽습니다. 위의 글은 두 문장이지만 의미 단위는 모두 4개입니다.

"독해력은 공부의 기본이다./ 세상의 모든 지식은 글로 되어 있고/ 그 글을 읽고 이해해 자기 것으로 만드는 일이/ 공부의 전부이기 때문이다."

소리 내어 읽는 대신 시선이 4차례 머뭅니다. 문장을 읽으면 자연스럽게 의미가 기억에 남습니다. 반면 단어 단위로 끊어 읽는 학생들은 단어들만 기억에 남기 쉽습니다. 의미 단위 읽기는 인간의 기억 능력 중 작업 기억과 관련이 깊습니다.

노스플로리다 대학의 트레이시 앨러웨이 심리학 교수는 저서 《파워풀 워킹 메모리: 당신의 모든 것을 바꿀 힘 작업 기억》에서 워킹 메모리라는 개념을 제안합니다. '작업 기억'은 정보를 처리하는 능력으로서 더 정확하게 말하면 '정보를 의식적으로 처리하는 능력'이라고 합니다.

파티에서 만난 사람의 이름이나 그 사람의 직업, 추천받은 책 제목 같은 정보를 아주 짧은 시간 동안 기억하는 단기 기억이나 학창 시절의 사건에 대한 기억처럼 오랜 세월 축적된 지식이 모여 있는 장기 기억과는 어떻게 다를까요?

작업 기억은 해당 정보에 접근해 그것을 적절하게 사용하도록 돕는다고 합니다. 즉 장기 기억과 단기 기억을 적절하게 활용해 문제를 해결하는 기억이 작업 기억입니다. 장기 기억에서 정보를 꺼내 당면 문제에 사용한 뒤에 다시 그것을 장기 기억에 보관할 수 있습니다. 작업 기억은 또한 새로운 언어를 배울 때 일어나는 일처럼 새로운 장기 기억으로 전달하는 데 관여하는 메커니즘이기도 하답니다. 작업 기억이야말로 단기 기억과 장기 기억을 장기판의 졸처럼 부리는 기억력의 왕자인 셈이지요.

워킹 메모리가 떨어지면 학습능력 저하로 이어집니다. 정보를 처리하는 속도가 느려지니 수능 국어처럼 속도가 중요한 시험에서 낭패를 볼 수 있습니다. 이 기능이 심각히 저하되면 ADHD(주의력결핍과잉행동장애), 난독증, 자폐증과 관련이 있는 학습장애를 동반한다는 연구 결과들도 있습니다.

결국은 독해력이 부족한 학생들은 이 워킹 메모리를 늘려야 합니다. 국내에도 많은 뇌과학 관련 학습 업체들이 이 워킹 메모리를 언급합니다. 인지 훈련과 뇌파 조절 훈련 등을 통해서 이들 메모리를 확장시킨다고 하는데, 저자는 이들 방법의 효과에 대해서 의구심을 갖고 있습니다. 저자는 생활 속에서 워킹 메모리 늘리기를 훈련해야 한다고 합니다. 스도쿠 하기, 외국어 배우기, 암산, 조리법 보지 않고 요리하기, 음악 리듬에 장단 맞추기 등이 있는데 특이하게도 맨발 달리기도 포함되어 있습니다, 맨발로 달리기를 할 때 장애물을 요리조리 피해가는 과정에서 끊임없이 머리를 쓰기 때문입니다. 본격적인 독서를 시작하기 전에 기초 훈련 차원에서 해보면 도움이 됩니다. 물론 다방면에 걸친 비문학 독서를 하다 보면 자연스럽게 워킹 메모리가 늘어날 수 있습니다.

읽는 방법에 차이가 있다

"본질적으로 우리 과학자들은 모르는 것만큼이나 아는 것에 관해서도 방어적이다. 우리에게는 무지도 유용하다. 모른다는 것은 우리가 알고 있는 지식의 한계를 알려줄 뿐 아니라 드물게는 우리에게 미지의 영역을 보여 주고 새로운 통찰을 전해 준다."

민사고 학생들이 즐겨 읽는 끈 이론에 관한 책 《엘러건트 유니버스》의 저자이자 물리학자인 브라이언 그린은 세계 최고의 물리학자들에게도 미지의 영역이 있으며 이것, 즉 무지의 영역이 통찰력을 제공해 주는 유용한 지점이라고 고백합니다. 그는 또 이런 말을 남겼습니다. "과학이 진보하면서 확실성의 영역은 정확하게 연계된 불확실성의 영역으로 확장된다." 여기서 확실성은 내가 알고 있는 영역으로 '기지既知의 영역'입니다. 그런데 알면 알수록 미지未知의 불확실한 영역이 확장된다는 것은 언뜻 보면 모순처럼 들리는데 어떤 의미가 있을까요? 알면 알수록 모르는 것이 늘어나는 것을 뜻합니다. 저는, 아는 것이 많아질수록 모르는 것에 대한 두려움이 없어지고 호기심이 늘어나는 것으로 해석합니다. 배운 자일수록 겸손하고 겸허해야 함을 말하고 있습니다. 공자나 소크라테스 같은 성인들도 그랬지요.

학생들은 어떨까요? 내가 아는 것을 읽을 때와 모르는 것을 읽을 때의 심리적 차이는 어느 정도일까요? 브라이언 그린처럼 미지의 영역을 만나면 흥분하고 더 열심히 적극적으로 읽으려 들까요? 아니면 그 반대일까요? 대부분 학생들은 익숙한 것을 읽을 때 덜 부담을 느끼고 낯선 것을 만날 때 당황합니다. 이런 심리를 노린 시험이 바로 수능이지요. 다음 두 글을 비교해 볼까요?

〈지문 A: 기지 읽기〉

만약 도덕이 없다면 우리의 삶은 어떻게 될지 생각해 보자. 사람들은 이기적인 생각에 이끌려 자신이 하고 싶은 행동을 마음대로 하게 될 것이다. 약한 사람들은 강한 사람들에게 괴롭힘을 당하고, 다툼이 끊이지 않을 것이다. 그래서 결국 공동체는 유지되기 어려워질 것이다. 반대로 도덕이 잘 지켜지는 세상은 어떤 모습일까? 우리가 살아가는 데 도덕이 왜 필요할까?

〈지문 B: 미지 읽기〉

근대적인 의미에서 변증법은 어떤 것이 정립, 반정립, 종합이라는 3요소로 특징지을 수 있는 방법으로 전개된다고 주장하는 이론이다. 먼저 정립이라 할 수 있는 어떤 관념이나 이론 또는 운동이 존재한다. 그러한 정립은, 이 세상의 거의 대부분 사물과 마찬가지로, 아마도 한정

된 가치밖에 없으며 또 여러 약점이 있을 것이므로 종종 대립물을 산출할 것이다. 이 대립되는 관념이나 운동은 처음의 것, 즉 정립에 반대되는 것이므로 반정립이라고 한다. 정립과 반정립의 투쟁은 어떤 해결에 이를 때까지 계속되는데, 이 해결은 정립과 반정립 각각의 가치를 인정하고 그 모든 장점을 보존함으로써, 또한 양자에게 제약을 가하고 있는 모든 약점을 제거하려고 노력함으로써 정립과 반정립을 초월한다. 제3의 단계인 이 해결을 종합이라고 한다. 일단 이것이 이루어지면, 그 종합은 또다시 변증법 3요소의 1단계가 될 수 있다. 즉 변증법적 과정을 통해 도달한 특수한 종합이 일면적이고 만족스럽지 못한 것으로 드러나면, 그 종합은 다시 정립으로서 새로운 반정립을 낳는 것이다.

앞의 지문은 중학교 1학년 도덕 교과서에서 발췌한 내용이고 뒤의 지문은 지금까지 등장한 논술 제시문 중에서 가장 어려웠던 2011학년도 고려대 논술 모의고사 제시문 중 일부입니다. 전자는 대부분 고등학생들이 알고 있는 내용으로 읽으면서 의미가 자연스럽게 머리에 들어옵니다. 특별한 읽기 방법이 필요하지 않고 어려운 부분 때문에 두 번 세 번 곱씹으면서 읽을 필요도 없습니다. 선형 읽기 같은 깊이 읽기의 필요도 없이 대충 훑어 읽기만으로도 뜻을 이해하고 문제를 푸는 데 문제가 없을 겁니다. 반면 후자는 현재 수능 지문보다 한 단계 더 어려운 극악의 난이도입니다. 전국의 모든 고3이 치르는 수능 국어 시험에서 아직 이 정도로 어려운 지문은 없었습니다. 독일 철학자 헤겔의 변증법에 대한 설명인데, 앞으로 수능이 더 어려워지면 나올 수도 있습니다. 칸트는 나온 적이 있습니다만 아직 헤겔 철학이 비문학 지문으로 사용된 적은 없습니다. 여하튼 대부분 수험생들은 배경지식이 없는 상태에서 읽어야 하는 전형적인 미지 읽기입니다. 이럴 때 어떻게 읽어야 하나요? 이런 순서대로 읽어야 합니다. 미지 읽기에는 메모할 필기도구가 반드시 필요합니다.

1. 키워드를 찾은 뒤 동그라미 치기

   모두 4개가 나와야 합니다. 변증법, 정립, 반정립, 종합입니다.

2. 키워드에 대한 설명 서술어 찾아 밑줄 긋기

   정립: 대립물을 산출하는 어떤 관념, 반정립: 정립에 반대되는 대립적인 개념, 종합: 정립과 반정립의 투쟁 후 장점을 보존한 새로운 관념, 변증법: 이 과정의 반복, 이런 부분에 밑줄을 그어야 합니다.

3. 단락 옆에 키워드들의 관계 표시

   이글은 이런 식으로 표시될 수 있습니다. 변증법⊃정립+반정립=종합, 정립과 반정립의 결합이 종합이고 이 세 가지를 아우르는 상위 개념이 바로 변증법입니다.

　실제 수능 국어에서 안정적으로 1등급을 받는 학생들은 미지 읽기를 할 때 시각화, 도식화 방법을 많이 사용합니다. 이렇게 정리함으로써 미지의 영역이 기지의 영역으로 이동합니다. 수능 시험 보는 동안 활용되는 '워킹 메모리'라는 표현이 더 정확할 듯합니다.

4가지 영역을 관통하는 스터디 독서

저는 수능 국어와 내신 국어 대학별 고사(논술 면접) 그리고 학종을 모두 지도해 본 경험을 바탕으로 이 4가지 영역을 관통하는 공부의 법칙을 발견했습니다. 그것은 바로 스터디 독서법입니다. 사실은 제가 새로 만든 것이 아니라 이미 기존 서울대생들이 책을 읽고 그 내용에 대해 쓰고 있는 방법입니다. 실제 이 공부법을 실천해 서울대 가기에는 교과 내신 성적이 약간 부족했던 학생들이 자소서와 면접을 통해 서울대가 원하는 인재임을 증명해 서울대생이 된 경우가 많습니다.

제가 제자들과 수업하는 교재는 서울대 출판부에서 나온 《논문 작성을 위한 스터디 독서》라는 책입니다. 이 책에서 저는 서울대생의 독서법과 서울대생의 공부법이 정확하게 일치한다는 것을 확인할 수 있었습니다. 스터디 독서는 다른 말로 연구 독서라고 부릅니다. 지문의 내용을 파악하며 저자의 의도를 이해하는 것에서 머무르지 않고, 창의적·비판적 읽기까지 독서의 수준을 올려가는 것입니다. 읽고 쓰는 과정에서 자신이 읽은 내용을 완벽하게 자기 것으로 만드는 과정이기도 합니다.

언뜻 보면 보고서와 논문을 쓰는 대학생 이상의 집단에서 스터디 독서가 필요할 것 같습니다. 그러나 그렇지 않습니다. 서울대를 목표로 하는 중고생은 지금부터라도 실천해야 합니다. 현재 중고생에게 스터디 독서가 필요한 이유는 다음과 같습니다.

1. 수능 국어 지문의 난이도가 고등학교 국어 수준을 뛰어넘고 있기 때문입니다. 사상 최초로 사교육 걱정 없는 세상이 정부를 공교육 정상

화법 위반으로 고발했는데, 비단 수학만이 문제가 아니라 국어도 문제가 되었습니다. 정부는 2020 수능에서는 2019 수능 국어 31번 같은 고난도 문제를 자제하겠다고는 했지만 '불수능(언어영역, 수리영역, 외국어영역, 탐구영역 모두 어려운 대학 수학 능력시험)' 기조를 유지하면서 수능 국어는 앞으로도 갈수록 어렵게 나올 가능성이 높습니다. 이에 따라 고등학교 교과 수업 시간에 배운 지식으로는 이해하기 어려운 미지 읽기의 중요성은 갈수록 커집니다. 고등학생이라고 청소년용 도서만 읽지 않고 과감하게 대학생 이상의 성인들이 읽는 책에 도전해야 합니다. 상위권일수록 선행 독서의 필요성이 높아지는 것이 두 번째 이유입니다.

2. 내신 국어가 달라지고 있습니다. 내신 국어는 학교 교과서에서 만난 기존의 지문들만으로 출제되지 않습니다. 수업 시간에 교과 관련 다양한 책들이 활용되고 있으며 이들 도서를 활용한 다양한 방식의 과제와 수행평가가 시행되고 있습니다. 이제 중고생들이 해야 할 독서법은 객관식 문제 풀이로만 그쳐서는 안 되고 수행평가까지 대비하는 읽기와 쓰기의 통합 과정이 되어야 합니다.

3. 학생부 종합에서 갈수록 진로 독서의 중요성이 높아집니다. 진로 성숙도와 전공 적합성은 학종에서 가장 중요한 평가 요소이며 이를 증명해 내는 것은 직접 경험이 아니라 독서를 통한 간접 경험일 수밖에 없습니다. 읽기는 읽는 행위에서 그치는 것이 아니라 읽은 것에 대해서 쓰는 과정이 반드시 요구됩니다. 때로는 독서록으로, 때로는 자소서로, 수시로 출력이 이루어져야 지식과 개념을 자신의 것으로 확실하게 만들 수 있습니다.

4. 스터디 독서는 텍스트 읽기-텍스트에 대한 의미 도출하기-텍스트
에 대한 저자 및 주제 관련 정보 찾기-텍스트를 비판해 보기-텍스트
를 넘어서 창작해 보기까지의 일련의 과정을 포함하고 있습니다. 서
울대가 학부생에게 권하는 공부법이자 독서법으로서 읽기와 쓰기
가 통합되어 수능 국어 대비, 논술 및 면접 대비, 학교 내신 대비, 학
종 대비를 동시에 할 수 있는 유일한 독서법입니다.

5. 4차 산업혁명 시대는 독해력을 넘어서 문해력을 요구하고 있습니
다. 독해력은 세상의 지식을 이해하는 기본 도구로써 공부의 시작
일 뿐입니다. 공부의 완성은 지식을 새롭게 만들어 내는 일입니다.
그러기 위해서는 읽고 쓰는 문해력까지 고등학교 교과 과정에서 갖
추어야 합니다. 독해력과 독서력, 문해력을 모두 갖추기 위한 궁극
의 독서법이 바로 스터디 독서법입니다.

읽고 쓰는
서울대식 독서 활동

(03)

서울대 자소서에 꼭 들어가는 질문

> 4. 고등학교 재학 기간 또는 최근 3년간 읽었던 책 중 자신에게 가장 큰 영향을 준 책을 3권 이내로 선정하고 그 이유를 기술하여 주십시오.
> ▶ '선정 이유'는 각 도서별로 띄어쓰기를 포함하여 500자 이내로 작성
> ▶ '선정 이유'는 단순한 내용 요약이나 감상이 아니라, 읽게 된 계기, 책에 대한 평가, 자신에게 준 영향을 중심으로 기술

　서울대 입시에서 자소서는 비중이 꽤 높습니다. 대학 입장에서는 지원자의 목소리를 직접 들을 수 있는 텍스트이기 때문입니다. 2019 신입생부터는 학생부가 간소화되면서 자소서의 중요성은 서울대뿐 아니라 다른 대학에서도 커지고 있습니다. 현재 대입 자소서는 4개의 문항

으로 구성돼 있습니다. 1번부터 3번까지는 대학교육협의회 공통 문항으로 모든 대학이 공유하고 있습니다. 각각 학업, 활동, 배려심 등의 인성에 대한 부분입니다. 그리고 4번 문항이 각 대학별 고유 문항입니다. 공통 문항은 2022학년도부터는 변경이 예상되지만 21학년도까지는 유지가 될 겁니다. 4번 문항은 대부분의 대학이 지원 동기를 쓰도록 합니다만 서울대는 독서가 자신에게 미친 영향을 쓰도록 요구합니다.

서울대 입시에서 자소서가 처음 등장한 해가 2002년도였는데 그 당시에도 독서 문항이 있었습니다. 그리고 해에 따라 어떤 문항은 사라지고 어떤 문항은 새롭게 등장하는 변화가 있었는데 지난 20년 동안 단 한 번도 빠지지 않았던 유일한 문항이 바로 독서 활동입니다. 서울대가 그만큼 독서 활동을 중요시 여긴다는 뜻이지요. 그것은 바로 자기주도학습과 탐구 역량을 갖춘 학생들이 서울대가 원하는 인재상이고 그것을 확인하기 가장 좋은 방법이 그 학생이 읽은 책에 대해서 물어보는 일이기 때문입니다. 또 한 가지 이유는 변별력입니다. 서울대를 지원하는 학생들은 대부분 내신이 좋습니다. 특목고나 자사고를 제외하면 일반고에서 전교 1등에 가까운 학생들이고, 교내 상을 비롯해 비교과 활동이 모두 우수하지요. 활동만으로는 변별이 되지 않습니다. 결국 독서 활동까지 봐야 그 학생이 서울대가 원하는 인재인지 아닌지를 판가름할 수 있다는 이야기죠. 서울대 입학관리 본부에서 몇 년 동안 가장 핵심적인 역할을 맡았던 서어서문학과 김경범 교수는 말합니다.

"지식의 깊이는 지식의 질과 밀접하게 연결된다. 지식의 질이란 학생 스스로 학습한 경험이며, 지식의 깊이를 갖추기 위해서는 학생 스스로의 노력이 반드시 요구된다. 현재 학교에서 학생들이 스스로 지식을 쌓을 수 있는 부분은 주로 독서와 탐구 활동이다. 그러나 학생의 독서가 학교에서 제시한 책을 읽고 독후감을 쓰는 방식이라면, 이는 자기주도적 학습—창의성의 지표로써 학생이 가진 지식의 질—과 맞지 않는다. 독서란 읽고 싶은 책을 읽는 것이다. 읽고 싶은 것이 있으려면 궁금한 것, 즉 호기심이 있어야 한다. 호기심 대신 내가 지금 무엇을 알아야 할 필요가 있는지 깨달아도 된다. 이렇게 강한 동기에서 시작하여 체계화된 지식은 창의성과 밀접한 관계를 갖는다. 탐구 활동 역시 마찬가지다. 이 두 가지 모두 결과가 성공적이어서 학생의 지식이 얼마나 늘었는가, 어떠한 지적인 경험을 하였는가를 보여 줄 수 있다면 이상적이다. 하지만 성공하지 못한 경험도 충분히 존중받을 가치가 있다."

김 교수가 방점을 찍고 있는 지식의 깊이와 지식의 질, 지적 호기심, 지적 경험 등이 서울대가 수시에서 학생을 평가하는 요소들인데 대부분 그 학생이 읽은 책에서 파악이 가능합니다. 서울대는 서류 평가에서만 독서가 중요한 것이 아니라 면접에서도 중요합니다. 서울대 김경범 교수 팀이 지난 2017년 출간한 2017 학생부 기반 면접 및 구술고사 연구라는 보고서에 따르면 서울대 지균(지역균형선발) 면접은 자소서 면접으로, 책을 주로 물어본다는 항간의 내용이 사실임이 증명됐습니다. 조사 대상 중 자소서 기반 질문이 93%, 학생부 기반 질문이 7%였다고 합니다. 평가 항목 중에서는 전공 적합성 관련 문항이 67.4%로 압도적으로 높았으며 주로 책을 통해 전공 적합성을 물었다고 합니다. 전체 전공 적합성 질문 중 64%가 독서를 통한 질문이었습니다. 주로 자소서 3권에 쓴 책들이겠지요. 독서를 뺀 나머지 자소서 질문이 독서 질문보다 절반 이상 적다는 것을 고려하면 서울대 지균 면접은 곧 독서 면접이라고 해도 과언이 아닙니다. 독서 질문은 독서의 누적과 지식의 확장 능력을 평가하며 독서량과 읽은 이유, 자신에게 미친 영향, 후속 독서 등에 대한 것입니다. 이런 질문이면 한 학생의 독서 능력, 지식의 깊이와 활용, 창의성은 물론 인성까지 다 측정할 수 있습니다. 2022학년도부터는 학종의 평가 요소인 학생부 기재 사항이 대폭 줄어들면서 교과와 연계한 독서가 더욱 중요해질 전망입니다. 다른 명문대학들도 서울대처럼 독서 활동을 더욱더 중시해 평가할 가능성이 높습니다. 이는 고교교육 정상화에도 기여하며, 4차 산업혁명에 어울리는 창의융합 인재를 양성할 수 있는 기반이 될 것입니다.

서울대 의대 면접에서 나온 뜻밖의 질문

서울대 지균 면접에서만 책을 물어보는 것은 아닙니다. 서울대 의대 일반 전형 면접에서도 책에 대한 질문이 빠지지 않습니다. 서울대 의대는 가장 많은 학생(70명으로 전체 정원의 50%입니다)을 뽑는 일반 전형에서 MMI로 불리는 다중 미니 면접을 실시하고 있습니다. 1시간 동안 학생들을 여러 면접실을 돌게 하면서 학생들의 상황 판단 능력, 논리적 사고력과 표현력, 창의성과 의사로서의 인성을 종합적으로 평가하는 변별력 있는 면접을 봅니다. 보통 2분 동안 제시문을 보고 내용을 파악한 다음 8분 동안 2명의 교수님들로부터 계속되는 질문을 받아야 합니다. 질문을 모르는 상태에서 맞이하는 면접이기 때문에 체감 난이도가 상당합니다. 제시문은 동서양의 고전에서 주로 인용되기 때문에 학생들은 교수들과 지적 대화를 펼쳐야 합니다. 지적 대화를 위해서는 당연히 책을 읽고 넓으면서도 깊은 지식을 갖추고 있어야 합니다. 어떤 책을 읽어야 할까요? 다음은 2018학년도 기출 문제입니다.

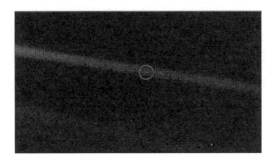

창백한 푸른 점

이 사진은 명왕성 부근을 지나고 있던 보이저 1호의 망원 카메라를 지구 쪽으로 돌려서, 우주에서 바라본 지구의 모습을 찍어보자는 《코스모스》의 저자 칼 세이건의 제안으로 1990년 2월 14일 촬영한 것이다.

이 제안에 대해 당시 반대 의견이 만만하지 않았다. 과학적인 관점에서 별로 의미가 없는 일이기 때문이었다. 게다가 망원경을 지구 쪽으로 돌린다면 자칫 태양 빛이 망원경의 카메라 주경으로 바로 들어갈 위험이 있다. 이는 망원경으로 태양을 바로 보면 실명될 수 있는 것과 다름없는 위험한 일이라고 미항공우주국(NASA) 과학자들은 주장했다. 그러나 새로 부임한 우주비행사 출신 리처드 트룰리 신임 국장은 지구의 모습을 촬영하자는 제안을 긍정적으로 평가하여, 태양계 바깥으로 향하던 보이저 1호의 카메라를 돌려 지구의 모습을 촬영하기로 결단을 내렸다. 그리고 그날, 지구-태양 간 거리의 40배나 되는 약 60억 km 떨어진 태양계 외곽에서 바라본 지구의 모습은 그야말로 '먼지 한 톨'이었다. 칼 세이건은 이 광경을 보고 "여기 있다! 여기가 우리의 고향이다."라고 말하였고, '창백한 푸른 점(Pale Blue Dot)'이라고 명명한 그의 소회는 전 세계적으로 큰 반향을 일으켰다.

이 제시문을 읽고 면접실에 들어간 학생들이 받은 첫 번째 질문은 공통 질문이었습니다. 이 사진이 철학적으로 보이는지 그 이유를 물어본 것입니다. 의대 지원자라면 수학을 잘하고 화학이나 생명과학 지식들로 무장한 이과형 학생일 텐데요, 이런 질문을 만났으니 얼마나 뜨악했을까요? 잘 아는 대로 칼 세이건은 자신이 전공한 물리천문학에 역사, 철학, 종교학, 문학 등의 인문학을 섞어 가며 통섭적으로 글을 쓰는 작가입니다. 자연과학 서적이지만 인문학 책처럼 읽힙니다. 이과형 인재냐, 문과와 이과를 모두 아우르는 통합형 인재냐를 가리는 데 칼 세이건의 저서만큼 좋은 텍스트가 없습니다. 서울대 의대를 지원하는 학생 중에 칼 세이건을 모르는 학생은 없을 겁니다. 많은 학생들이 《코스모스》를 읽고 자소서에 쓰기도 합니다. 서울 의대 교수들은 《코스모스》라면 할 이야기가 많겠지만 《창백한 푸른 점》까지 읽은 학생은 생각보다 많지 않을 거라 생각했을 수도 있습니다. 읽어보지 않더라도 워낙 유명한 책이라 책 제목이 상징하는 바가 무엇인지 정도는 알고 있었겠지요. 질문 하나로 끝날 면접이라면 누구나 알고 있는 상식으로도 대답이 가능하겠지요. 그러나 그 답변에 대해서 꼬리를 물고 이어지는 압박형 면접에서는 칼 세이건 급은 아니더라도 상당한 수준의 지적 깊이와 철학적 사고력이 필요합니다. 이른바 생각이 필요합니다.

많은 학생들이 철학적이라고 답은 했습니다. "우주라는 광대한 스타디움에서 지구는 아주 작은 무대에 불과하기 때문이다, 이 작고 좁은 지구에서 협력하지 못하고 서로 싸우는 인류들을 비판적으로 생각할 수 있기 때문이다, 이 넓은 우주에서 인류 외에 다른 지적 생명체가 있는지 궁금하기 때문이다." 등등의 답변이 나왔습니다.

그런데 《창백한 푸른 점》을 읽은 한 학생은 이 질문에 이렇게 답변했습니다.

"태양계를 넘어 전 우주 곳곳에 흩어져 있을 먼 미래의 인류는 그들의 고향 행성에 대한 관심과 애정으로 한 가족이 될 것입니다. 그들은 자신들이 살고 있는 그들의 밤하늘을 우러러 보며 자신들의 뿌리인 '창백한 푸른 점'을 찾아내려고 애쓸 것입니다. 마침내 그 창백한 푸른 점을 발견해 낸 순간, 자신들이 오늘날까지 이룬 모든 성과와 기술 발전이 이 작은 점에서 시작되었다는 사실을 깨닫고 그 모든 것에 감사하며 경탄해 마지않을 것입니다. 그리고 겸손해졌을 것 같습니다. 마치 인류가 빅뱅이론을 통해 자신이 살고 있는 우주가 한 점의 먼지에서 시작되었음을 알았을 때 느끼는 감정과도 비슷하지 않을까요? 자신을 되돌아보고 자신이 어디에서 기원했는지 그 뿌리를 알려고 하는 마음은 이 사진을 지켜보는 이들을 철학적으로 만들게 하는 이유입니다."

이 학생은 오늘을 사는 인류의 시점이 아닌 먼 미래에 인류의 후손

이 태양계를 넘어 은하계로 나아가는 시점을 상정합니다. 몇백 년이 지난 미래일 수도 있고, 몇천 년 혹은 아이작 아시모프의 소설《파운데이션》시리즈의 시대적 배경처럼 몇만 년이 지난 먼 미래일 수도 있습니다. 이 학생은 그런 먼 미래까지 상상력과 공감 능력을 확장시켜 대답을 했습니다. 자신이 철학적이면서 상상력이 풍부한 학생임을 책을 통해 증명해 낸 것입니다.

서울대 합격생들은 어떤 책을 읽었을까?

앞서 서울대 지원자들이 자소서에 칼 세이건의《코스모스》를 많이 쓴다고 했는데, 2018년도 기준으로 서울대 지원자들이 자소서에 가장 많이 인용한 책들은 무엇일까요?

서울대 지원자들이 자소서에 많이 인용한 책

1	미움받을 용기 (기시미 이치로, 고가 후미타케)	11	침묵의 봄(레이첼 카슨)
2	왜 세계의 절반은 굶주리는가(장 지글러)	12	죽은 시인의 사회(N. H. 클라인바움)
3	이기적 유전자(리처드 도킨스)	13	변신(프란츠 카프카)
4	정의란 무엇인가(마이클 샌델)	14	연금술사(파울로 코엘료)
5	멋진 신세계(올더스 헉슬리)	15	클라우스 슈밥의 제4차 산업혁명(클라우스 슈밥)
6	사피엔스(유발 하라리)	16	앵무새 죽이기(하퍼 리)
7	1984(조지 오웰)	17	코스모스(칼 세이건)
8	페르마의 마지막 정리(사이먼 싱)	18	돈으로 살 수 없는 것들(마이클 샌델)
9	데미안(헤르만 헤세)	19	오래된 미래(헬레나 노르베리 호지)
10	엔트로피(제레미 리프킨)	20	수레바퀴 아래서(헤르만 헤세)

출처: 서울대 입학관리 본부 웹진 '아로리'

지원자들이 자소서에 인용한 도서 목록에는 몇 가지 공통점이 보입니다. 첫째, 외서가 다수를 차지합니다. 아직까지 한국은 지식을 수입하는 나라라는 말이 사실입니다. 우리나라 지식인들은 이런 현실을 부끄러워해야 합니다. 둘째, 자기 계발서나 공부에 관한 책들이 거의 없습니다. 해당 분야의 전문가가 쓴 대표적인 교양서적들을 주로 읽습니다. 고등학생이라면 공부에 관한 책이나 인생에 관한 자기 계발서를 읽을 법도 한데, 서울대 지원자들은 다른 경향을 보입니다. 동기부여는 스스로 되어 있고 학습 습관도 스스로 형성한 학생들이기에 그렇지 않을까 짐작해 봅니다. 셋째, 학생들이 문학 작품보다는 비문학 작품들을 압도적으로 많이 읽는다는 점입니다. 문학 작품은 헤르만 헤세의 《데미안》과 《수레바퀴 아래서》 두 권을 포함해서 모두 6권입니다. 3 대 7 정도의 비율인데, 문학과 비문학 도서의 적절한 비율이라고 생각합니다. 물론 절대적인 비율은 아닙니다. 인성이 중요한 초등학교 시기, 무엇보다 책에 재미를 느껴야 할 시기에는 문학 작품들을 조금 더 많이 읽을 필요도 있습니다. 지식이 필요한 비문학 도서보다는 문학 작품이 캐릭터에 공감하고 스토리를 이해하기 쉽기 때문이죠. 문학 작품으로 감수성과 감상 능력을 키운 다음 학교 공부와 연계해서 지식 독서를 시작하면서 그 범위와 수준을 차츰차츰 확장시켜 갑니다.

서울대는 전체 지원자들이 많이 읽는 책들 리스트도 발표하지만 단과대별로 가장 많이 읽은 책 순위를 따로 발표하기도 합니다. 그 순위는 다음과 같습니다.

서울대 단과대별 많이 읽은 책

단과대학	1위	2위	3위
인문대학	사피엔스	미움받을 용기	1984
사회과학대학	왜 세계의 절반은 굶주리는가	정의란 무엇인가	1984
자연과학대학	이기적 유전자	코스모스	페르마의 마지막 정리
간호대학	간호사라서 다행이야	간호사가 말하는 간호사	사랑의 돌봄은 기적을 만든다
경영대학	돈으로 살 수 없는 것들	넛지	경영학 콘서트
공과대학	엔트로피	미움받을 용기	로봇 다빈치 꿈을 설계하다
농업생명과학대학	왜 세계의 절반은 굶주리는가	이기적 유전자	침묵의 봄
미술대학	데미안	미움받을 용기	디자인의 디자인
사범대학	죽은 시인의 사회	에밀	수레바퀴 아래서
생활과학대학	왜 세계의 절반은 굶주리는가	미움받을 용기	오래된 미래
수의과대학	수의사가 말하는 수의사	이기적 유전자	의사와 수의사가 만나다
음악대학	미움받을 용기	하노버에서 온 음악 편지	자존감 수업
의과대학	숨결이 바람 될 때	나는 고백한다 현대 의학을	미움받을 용기
자유전공학부	정의란 무엇인가	왜 세계의 절반은 굶주리는가	1984
치의학대학원	치과의사가 말하는 치과의사	숨결이 바람 될 때	미움받을 용기

출처: 서울대 입학관리 본부 웹진 '아로리'(2018년 기준)'

단과대별로 순위를 매기면 확실히 전공 적합성을 의식하면서 학생들이 책을 읽고 있다는 인상을 줍니다. 서울대는 전체 순위 20위를 집단 무의식에 비유하면서 단과대별 베스트 3은 각성된 의식이라고 좀 더 긍정적으로 평가합니다. 무의식과 각성된 의식의 차이. 그만큼 전공 적합성을 중요하게 평가한다는 뜻이겠지요. 보통 서울대 지원자들이 책 3권을 고를 때 그중에 한 권은 반드시 전공 적합성을 드러내면서 지원 동기를 밝히는 책으로 고르려고 합니다. 저도 그런 입장을 지지합니다. 그러나 널리 알려진 책, 다른 학생들도 다 쓰는 책, 예컨대 사회과학대학 지원자가 마이클 샌델의 《정의란 무엇인가》로 지원 동기를 보여 주는 것보다는 자신만의 책, 자신만의 지원 동기와 전공 적합성을 보여 주는 전략도 나쁘지 않습니다. 따라서 이 순위에 적힌 책들을 꼭 읽혀야 한다는 강박관념을 가질 필요는 없습니다. 참조만 하면 됩니다.

서울대생들은 책을 읽고 어떻게 정리할까?

국영수 문제를 푸는 것이 당장은 도움이 될지 모르지만 공부와 입시를 동시에 준비하는 방법은 독서입니다. 독서에는 여러 방법이 있는데, 그중에서도 서울대에서 활용하는 스터디 독서법의 효과가 큽니다. 서울대 기초교육원에서 사회과학 글쓰기 강의 교수를 역임한 정병기 교수는 《논문 작성을 위한 스터디 독서》(서울대학교 출판부)라는 책에서 "분석하고 비판하며, 비교하고 종합하며, 창의적으로 읽고 기록하는 것이 스터디 독서법"이라고 정의를 내린 바 있습니다. 정병기 교수는 이 책에서 논문이나 리포트 작성과 같은 탐구 작업을 위해서는 쓰기를 위한 읽기가 필요하다고 주장합니다. 모든 독서는 쓰기로 귀결되어야 한다는 것이지요. 즉 쓰기와 읽기는 바늘과 실처럼 항상 같이 가야 합니다. 읽기와 쓰기는 분리될 수 없고 동시에 진행되어야 합니다. 물론 객관식 문제 풀이 전통이 아직 강한 한국의 학교에서는 읽기와 쓰기 교육이 제대로 이루어지지 않습니다. 당장 수능 준비에 매달려야 하는 고3 학생들에게는 읽기와 쓰기를 동시에 진행하라는 요구는 어불성설일 수도 있겠습니다. 그러나 아직 시간적 여유가 많은 초등학교, 중학교 시기에는 읽기만큼 쓰기에 대해서도 신경을 써야 합니다. 물론 독해력이 약한 학생은 쓰기보다는 읽기가 먼저입니다.

영화배우 송강호가 주연을 맡은 〈변호인〉에서 이 사람이 공산주의자인가 아닌가를 놓고 법정에서 논쟁이 벌어지는 장면이 있습니다. 그는 바로《역사란 무엇인가》를 쓴 E. H. 카입니다. 영화 속 배경이었던 80년대 초반에는 그가 공산주의자가 아니라고 영국 대사관 측에서 공문을 보내왔지만 2003년 영국 정부는 그가 소련의 스파이였음을 시인했습니다. 그렇다고 해서 그가 세계 최고의 역사학자라는 평가가 달라지는 것은 아닙니다.

"나는 주요한 사료라고 생각되는 것들 중에서 몇 가지를 읽기 시작하자마자 너무나 좀이 쑤셔—반드시 처음부터가 아니더라도, 어느 부분이든 상관없이—쓰기 시작한다. 그런 후에는 읽기와 쓰기가 동시에 진행된다. 읽기를 계속하는 동안 쓰기는 추가되고 삭제되며 재구성되고 취소된다. 읽기는 쓰기에 의해서 인도되고 지시되며 풍부해진다: 쓰면 쓸수록 나는 내가 찾고 있는 것을 더 많이 알게 되고, 내가 찾고 있는 것의 의미와 연관성을 더 잘 이해하게 된다. 어떤 역사가들은 아마도, 마치 어떤 사람이 장기판과 말이 없이도 장기판을 두듯이, 펜이나 종이나 타이프 등을 사용하지 않고서도 이 준비 단계의 글쓰기를 모두 머리 속에서 할 수 있을 것이다: 그것은 내가 부러워하지만 흉

내 낼 수 없는 재능이다. 그러나 나는 역사가라는 이름에 값하는 모든 역사가에게는 경제학자가 '투입'과 '산출'이라고 부르는 그 두 과정이 동시에 진행되며, 또 실제로 그 두 과정은 단일한 과정의 부분들이라고 확신한다. 만일 그것들을 분리시키거나 어느 하나를 다른 하나보다 우월한 것으로 삼고자 애쓴다면, 여러분은 두 가지 이단론들 중의 어느 하나에 빠지게 된다. 여러분은 의미나 중요성이란 조금도 없는 가위와 풀의 역사를 쓰거나 아니면 선전문이나 역사소설을 쓰면서, 역사와는 아무런 상관이 없는 그런 종류의 글쓰기를 장식하려고 과거의 사실을 이용할 것이다." -E. H. 카, 《**역사란 무엇인가**》 중에서

카는 읽으면서 동시에 쓰기 시작하는 사람이었습니다. 그럴 경우 어떤 장점이 있었을까요? 쓰면 쓸수록 자신이 읽고 있는 것을 더 잘 이해할 수 있다는 것이 가장 큰 장점입니다. 내가 읽은 것을 내가 아는 것으로 바꾸기 위해서는 되새김 과정이 반드시 필요합니다. 그것이 쓰기입니다. 읽기와 쓰기는 분리되어서는 안 된다는 것이 이 대가의 가르침입니다. 이 가르침에 비춰 보면 우리나라 교육의 가장 큰 문제는 쓰기와 읽기가 분리되어 있는 현실입니다.

읽으면서 쓰는 전략, 그러기 위해서 필요한 것은 기록입니다. 《논문 작성을 위한 스터디 독서》에서는 글쓰기가 수십 배 편리해지는 독서록에 대해 소개합니다. 이 독서록은 어떻게 생겼을까요?

독서록에 기입할 항목

01 문헌정보: 저자, 단행본 혹은 논문 제목, 출판 도시, 출판사, 출판연도, 논문 게
　 재지, 권수와 호수, 논문 게재 페이지 수 등
02 저자 정보: 성과 이름, 생몰 연도, 주요 저작과 학문적 경향 등
03 내용 분류: 개인적 필요와 목적에 따른 독자적 방식으로
04 문헌 내용 요약: 두세 문장을 넘지 않도록 간결하게
05 자세한 인용문: 글쓰기에 필요하거나 중요하다고 판단되는 문구와 문장을 넣
　 되, 인용 페이지를 정확하게 적고 때로는 간단한 논평도 기록
06 비판과 평가: 문헌에 대한 상세한 비판과 전체적 평가

　이 중에서 가장 중요한 것은 무엇일까요? 제가 볼 때 쓰기를 위
한 읽기에 가장 중요한 것은 인용문 고르기입니다. 물론 비판과 평가
가 더 중요하다고 볼 수도 있지만 책을 제대로 평가하고 비판하려면 책
을 읽으면서 자신이 특별하게 끌리는, 자신의 관심사, 자신이 알고
자 하는 주제와 맞는 부분을 골라낼 수 있는 능력이 대단히 중요합니
다. 실제 제가 하는 독서 수업 중에서 학생들에게 인용문을 고르게 하
고 왜 골랐는지 그 이유에 대해서 발표하도록 하는 방법이 가장 인기
가 많습니다. 그 이유는 재미있기도 하거니와 자신이 그만큼 주체적
으로 독서를 하고 있다는 느낌을 받기 때문입니다. 선생님들 입장에
서도 도움이 됩니다. 학생들이 인용문을 발표하는 과정에서 책을 어
떻게 받아들이고 이해하는지, 학생의 지적 수준만 파악되는 것이 아
니라 그 친구의 현재 정서 상태, 자존감 등도 함께 파악이 됩니다. 인
용문을 계기로 학생들과 더 친해지고 학생들의 심리를 더욱 잘 파악
할 수 있는 시간이 됩니다. 처음부터 독후감이나 서평을 쓰는 건 어렵
지만 인용문을 고른 다음 그 인용문을 고른 이유를 말로 발표한 다음에

는 쓰기가 한결 쉬워집니다. 서울대 스터디 독서는 읽기와 쓰기뿐 아니라 말하기에도 도움을 주는 효과적인 독서법입니다.

독후 활동의 꽃 '인용문 고르기'

독후 활동 중 인용문 고르기의 사례를 하나 들어볼게요. 서울대 지원자들이 가장 많이 읽는 도서 중 하나인 헤르만 헤세의 《데미안》으로 수업을 한 적이 있습니다. 인용문을 고를 때는 제가 먼저 시범을 보이고, 학생들이 저를 이어 받아 자신이 고른 인용문과 그 이유를 밝히는 형식으로 진행됩니다. 그리고 다른 학생들에게 궁금한 내용을 질문하게 하여 자연스럽게 토론을 유도합니다.

그 전에 서울대 지원자는 왜 《데미안》을 그렇게 좋아하는 걸까요? 서울대는 수시 선발 인원 전원을 학종으로 뽑습니다. 학종에서 가장 중요한 건 전공 적합성이고 전공 적합성을 키우기 위해서는 전 단계로서 자아정체성에 대해 알아야 합니다. 즉 자신을 알아야(자아정체성) 자신이 좋아하는 것, 잘할 수 있는 것(전공 적합성)이 무엇인지 알 수 있습니다. 자아정체성을 찾는 데 《데미안》 만한 책이 없습니다.

또 한 가지 이유는 헤세의 책을 상징하는 키워드는 양가성인데, 그의 책에는 동양과 서양, 기독교와 불교, 기술문명과 정신문명 등이 모순되지 않게 공존하고 있거든요. 마치 데미안에게 선과 악이 공존하는 것처럼요. 그래서 폭이 넓습니다. 어떤 전공에서든 어떤 상황에서든 어떤 취향에서든 데미안을 갖고 자신의 이야기를 풀어갈 수 있습니다.

저도 이 책을 여러 번 읽었습니다. 중학교 시절 처음 읽고 학생들과 수업을 할 때마다 데미안을 다시 읽었는데 어떨 때는 "'새는 알에서 나오려고 투쟁한다. 알은 세계이다. 태어나려는 자는 하나의 세계를 깨뜨려야 한다.'라는 문구가 역시 강렬해!"라고 수긍하다가 전혀 새로운 문장에 가슴이 설레기도 합니다. 싱클레어가 베아트리체를 처음 만난 후 내면이 급격하게 흔들리면서 자신을 성찰하기 시작할 때 다음과 같이 속으로 절규합니다.

"나의 내면은 이랬다. 사방을 헤매 다니며 세상을 얕잡아 본 자여! 왜곡된 정신으로 데미안의 사상에 기대던 자여! 쓸모없는 인간으로, 추잡하게 술에 취해 더럽고 구역질나는 저급하게 거칠어진 짐승이여, 악한 충동의 노예가 되어 버리는 것 말고는 달리 도리가 없겠지! 온갖 청순함 그리고 빛과 사랑스런 마음이 가득 차 있던 정원에서 자란 나, 바흐의 음악과 시를 사랑했던 나, 이런 내가 그런 모습이 될 수 있다니! 술에 잔뜩 취해 자제력을 상실한 채 충동적이고도 바보처럼 낄낄거리던 내 자신의 웃음소리가 아직도 들려오는 듯해 나는 심한 구역질과 분노를 느꼈다. 그것이 바로 나 자신의 모습이었다!"

성장 소설이지만 어른이 읽어도 좋은 소설이라는 것을 지천명이 넘어서 깨달았습니다. 나이가 들면서 느끼는 것은 부끄러움이라는 말이 있습니다. 천명을 알아야 할 나이인데도 아직도 유혹 속에 헤매는 저 자신이 반성되고 부끄러워진 탓이지요.

대부분의 학생들이 "새는 알에서 깨어난다."는 문장으로 인용문 발표를 할 때 한 여학생이 이런 문장을 꺼내들더군요.

"당신은 번번이 자기를 별난 사람이라고 생각하고는 보통 사람과 다르다며 자신을 자책하고 있소. 그런 생각을 버리시오. 불을 들여다보고, 흘러가는 구름을 보시오. 그래서 어떤 예감이 당신을 찾아들고 당신의 영혼 속에서 어떤 목소리가 들리기 시작하면 그것들에 당신의 몸을 맡기시오. 그것이 선생님이나 아버지, 혹은 하나님의 뜻과 일치하는지를, 그들의 마음에 드는지를 맨 먼저 묻지 마시오!"

자책하는 주인공 싱클레어에게 피스토리우스 신부가 해주는 말입니다. 저는 수업을 하다 이 여학생이 왜 이 부분에서 감명을 받았을까? 마치 자책하고 부끄러워하는 저, 선생님에게 들려주고 싶은 메시지처럼 들렸거든요. 이 학생이 이 인용문을 고른 이유는 이랬습니다.

"자의식은 자존감을 키우고 자아정체성을 키우는 데 도움을 주기도 합니다. 헤세의 책은 그래서 좋았습니다. 그러나 자의식에게도 정도가 필요함을 이 문장을 통해서 깨닫게 되었습니다. 자의식이 지나치면 실제 자기가 아닌 타인에게 보이기를 원하는 이미지로서의 자신에 매달리게 된다는 것을 알았어요. 진짜 자신을 찾아야 합니다. 그러기 위해서는 진짜 자신의 목소리를 들을 수 있어야 합니다."

헤세는 정말 대단한 작가입니다. 헤세의 《데미안》을 읽고 나면 싱클레어나 데미안, 피스토리우스, 프란츠 크로마, 에바 부인이 아닌 독자 자신의 얼굴(영혼의 민낯이라 부르고 싶군요)을 발견할 수 있으니 말입니다.

서평 쓰기에 도전하라

서평이란 뭘까요?《논문 작성을 위한 스터디 독서》에서는 다음과 같이 서평에 대해 정의합니다. "서평이란 책을 소개하고 책에 대하여 평가하는 글이다." 즉, 서평은 '책에 관한 해설과 평가를 담은 글입니다. 소감과 느낌도 포함되지만 그보다는 조금 더 전문적인 글쓰기입니다. 서울대는 독후감보다는 서평 쓰기를 적극적으로 권장하고 있습니다.

이 책에 따르면 서평에는 모두 4가지가 있습니다. 우선 소개 서평입니다. 특정 책에 대한 홍보나 소개로서 예스24 등에 실린 출판사 서평이 바로 여기에 해당합니다. 그다음에 해설 서평이 있습니다. 해설 서평은 간단한 비평도 포함되지만 해설에 주목적이 있습니다. 해설 서평을 쓰는 사람들은 그 분야의 전문가일 때가 많습니다. 그리고 쟁점 서평이란 게 있습니다. 쟁점 서평은 신랄한 비판을 서슴지 않고 논쟁을 야기하는 서평입니다. 싸움, 지적 대결을 위한 서평이라고 할 수 있죠. 역시 전문가들이 쓰는데 독자들은 일반인이라기보다는 같은 분야에 종사하는 다른 전문가들이라고 볼 수 있습니다. 마지막으로 특정 주제에 대한 관련 문헌들을 여럿 수집하여 전문적으로 인용하며 쓰는 주제 서평이 있습니다. 이 주제 서평이 발전하면 논문이 됩니다.

학생들은 주로 독서 감상문을 많이들 써보았을 텐데 서평과 독서감상문은 어떻게 다를까요? 서평과 독서 감상문은 독후 활동이라는 점, 책의 내용과 필자의 견해가 제시된다는 점에서 유사하지만 서평이 설득을 위한 비평문이라는 점과 독서 감상문은 자기표현을 위한 감상문이라는 차이가 있습니다. 서평은 남을 만족시키는 글이고 독서 감상문은 자기만족을 위한 글이라는 점이 가장 큰 차이입니다.

  서평은 어떻게 써야 할까요? 서평도 다른 논리적인 글쓰기처럼 서론-본론-결론으로 구성되어 있습니다. 서론에서는 독자를 반드시 선정해야 합니다. 소개 서평의 경우 인터넷 서점의 이용자일 것이고 기사일 경우는 신문 구독자일 것입니다. 주제 서평은 학술적인 직업에 종사하는 연구자일 가능성이 높고 쟁점 서평의 독자들은 그 주제에 관심이 많은 전문가일 가능성이 높습니다. 서론에서 내가 이 책을 왜 골라 서평을 쓰게 됐는지 계기를 씁니다. 본론에서는 도서 내용을 전달하는데 서평에서 내용 요약은 독서감상문보다 더 정교해야 합니다. 이 본문은 본격적인 책 내용 언급입니다. 인상적인 내용을 중요부분 인용하면서 자연스럽게 결론의 주제 부분이 드러날 수 있도록 해야 합니다. 결론은 자신의 생각, 견해, 느낌, 의견 등으로 마무리해야 하는데 가장 좋은 것은 책에 대한 자신만의 평가가 담기는 게 좋습니다. 하지만 대다수 고등학생들은 이를 가장 어렵게 생각합니다. 《데미안》을 읽고 한 남학생이 쓴 서평의 마지막 문단입니다.

  "이 책의 내용도 익히 알고 있었고, 주장하는 바도 잘 알고 있었지만 직접 읽어 보니 또 다른 깨달음도 많았다. 역시 책도 인생도, 다 알고 있다고 생각하지만 직접 읽어 보지 않고, 살아 보지 않으면 모르는 것이다. 2년 전의 내가 지금 같은 길을 걷고 있을지 상상하지 못했고, 이 책이 나에게 이렇게 고마운 조언들을 해 줄지 생각하지 못했다. 사는 일에 대해서, 삶의 가치에 대해서 생각하고 싶은 친구들이 꼭 읽어 보면 좋겠다."

  이 학생처럼 대부분 학생들은 유명 작가의 책일수록 서평의 끝을 칭찬으로 마무리합니다. 《데미안》은 그중에서도 좋은 책이고 헤세는 워낙 뛰어난 작가이기 때문에 당연히 칭찬으로 끝나기가 쉽습니다. 하지만 작가와 작품에 대한 비판적인 견해 한 문장 정도 언급되는 것도 나쁘지는 않았을 거라는 생각이 듭니다. 평가를 제대로 하기 위해서는 그래서 책을 읽을 때가 중요합니다. 긍정적인 측면뿐 아니라 부정적이거나 비판적으로 볼 부분을 반드시 찾아보는 연습을 해야 합니다. 그래야 부정적이거나 비판적인 부분을 언급하면서 균형 잡힌 서평을 쓸 수 있습니다. 《데미안》에 대해서 부정적이거나 비판적으로 볼 부분은 이 책이 청소년이 읽기에는 부적절한 내용이 담겨 있다는 점을 지적할 수 있습니다. 학생이 친구의 어머니를 사랑한다는 점은 한국과 독일의 도덕관념의 차이를 고려하더라도 받아들이기 어렵다고 비판할 수 있는 대목입니다.

서평 쓰기에는 많은 교육적 효과들이 있습니다.

1. 자기주도적인 독서 습관을 통해 자신의 읽기 경험을 구체화, 정교화할 수 있습니다.
2. 책 속의 의미를 재구성하는 능력을 기를 수 있습니다. 이것은 대학 공부에도 아주 도움이 되는 일입니다.
3. 텍스트 자체의 즐거움을 통해 배경지식을 쌓고 논리적이고 비판적으로 사고하는 능력을 기를 수 있습니다. 이것이 바로 배움의 즐거움이기도 합니다.
4. 삶과 세계를 창의적으로 해석하는 능력을 기를 수 있습니다. 창의성은 책을 읽고 자신의 프레임으로 새롭게 해석할 때 생기는 능력이

기 때문입니다.

5. 도서에 대한 정보와 평가 및 해설을 전달하면서 독자들, 주로 친구들에게 독서의 동기를 신장시킬 수 있습니다. 배워서 남 주는 즐거움은 이럴 때 쓰는 말이 아닐까요.

책 내용 요약보다 자신에게 미친 영향이 중요

진부한 말이지만 입시에서는 지피지기면 백전백승이라는 만고의 진리가 있습니다. 특히 학종에서 지피지기가 중요합니다. 목표로 하는 대학이 있다면 일단 그 대학에 대해 잘 알아야 합니다. 서울대에 가고 싶으면 누구보다 서울대 교수들에 대해 알아야 합니다. 서울대는 자소서 4번 독서 활동 파트에서 어떤 가이드라인을 설정하고 있을까요? 서울대는 2005년 권장도서 목록을 발표하고 서울대 교수들이 직접 쓴 권장도서 해제집을 내놓은 바 있습니다. 서문에 보면 다음과 같은 내용이 눈길을 끕니다.

"우선, 왜 이 책을 선정하였으며, 왜 다른 책에 우선하여 읽어야 하는가에 대해 설명하고, 책의 핵심 내용에 대해 소개하였다. 더불어 시중에 나와 있는 판본, 개작, 번역자 등에 대한 안내도 곁들였다. 또한 해당 분야와 해당 작가의 다른 저서들을 추가로 소개함으로써 선정된 권장도서 이외에도 나중에 학생들이 읽기를 희망하는 내용도 덧붙였다."

서울대 교수들이 서평 혹은 해제를 쓸 때 빼놓지 않는 것이 바로 왜 이 책을 골랐는지 그 선정 이유입니다. 서울대 서어서문학과 김경범 교수는 언론과의 인터뷰에서 기자로부터 가장 큰 영향을 준 책 3권을 쓰라는 문항의 의도에 대해 질문을 받고 다음과 같이 답했습니다.

"책 선정 이유를 쓰라고 했다. 우리가 알고 싶은 것은 '학생들이 저 책을 왜 선정했을까?', '왜 이 책을 가지고 공부했을까?'다. 학생들은 거의 전부가 자소서에 책의 내용을 쓴다. '이 책을 왜 골랐니?'를 물었는데 '저는 이 책을 읽은 게 확실합니다'라고 말하는 것처럼 책의 줄거리를 쓴다. 질문과 대답이 서로 엇갈린 거다. 말 그대로 영향을 준 부분이 궁금한 것이다. (사정관들에게 어필할 수 있는) 아주 중요한 기회를 날려버리는 거다. 학생이 왜 이 책을 읽었는지가 중요하다."

이미 서울대 자소서 항목 밑에는 "'선정 이유'는 단순한 내용 요약이나 감상이 아니라, 읽게 된 계기, 책에 대한 평가, 자신에게 준 영향을 중심으로 기술"하라고 명시돼 있습니다. 김 교수 말에 따르면 극단적으로 말하면 줄거리와 내용을 쓰지 않아도 좋으니 자신에게 미친 영향 중심으로 쓰라는 주문입니다. 그 영향이 반드시 자신이 전공을 선택한 계기가 될 필요는 없지만 3권 중에서 1권 정도는 학과를 선택한 이유로 쓰는 것이 좋겠지요.

〈사례 1〉 안톤 체호프의 〈주교〉

보다 나은 사회를 만들고 싶다는 포부와 함께 사회학을 전공하겠다고 말하는 저에게 어른들은 왜 굳이 힘든 길을 가느냐며 의아해했습니다. 현실을 생각하라는 말을 들을 때면 '내가 잘못하고 있는 걸까?'라는 의구심이 들기도 했습니다.

《체호프 단편선》(민음사)에 실린 열 번째 작품 〈주교〉는 제 질문에 대한 답을 명확히 해 주었습니다.

평생을 성직자로 살며 주교라는 최고의 자리에 올랐지만 죽음을 목전에 두고 자신의 삶이 어떤 의미를 지녔는지 확신하지 못하는 주인공의 모습을 보며 삶에 있어 가장 중요한 것은 타인의 평가나 사회적 지위가 아니라 자신이 삶에 부여한 의미라는 사실을 깨닫게 되었습니다.

'스스로에게 의미 있는 삶을 살아간다면 인생에 실패는 존재할 수 없다.'라고 생각하게 되면서 저는 좀 더 적극적으로 제 의미를 추구해 갈 수 있었습니다. '계열을 선택하는 과정에 문제가 있다.'라는 인식이 ○○아동청소년참여위원회라는 교외 활동으로 이어진 데에는 〈주교〉가 심어준 확고한 가치관의 영향이 컸습니다.

안톤 체호프는 단편과 희곡으로 유명한 러시아의 대표적 작가입

니다. 현대 단편 소설의 완성자라는 평가를 받고 있으며 〈세 자매〉
는 전 세계에서 가장 많이 상연된 희곡작품 중 하나이고 〈주교〉는 〈관
리의 죽음〉, 〈미녀〉 등의 단편들과 함께 《체호프 단편선》에 실려 있
습니다. 그의 단편과 희곡은 특유의 위트와 경쾌한 문체를 통해 인생
에 대한 통찰을 보여주는 것으로 유명합니다. 특히 그는 삶의 모순, 이
중성에 주목합니다. 삶은 애처로운 동시에 아름답다는 것이 그의 작
품 곳곳에서 드러나는 주제 의식입니다. 〈주교〉는 아름다운 삶보다
는 애처로운 삶에 가깝다고 할 수 있습니다. 〈주교〉는 체호프가 죽기 2
년 전에 쓰인 말년의 걸작입니다.

이 자소서는 책에 대한 평가나 책에 대한 소개 그리고 책의 줄거
리 요약 등의 형식을 갖추고 있지 않습니다. 철저하게 자신에게 미
친 영향 위주로 쓰여 있습니다. 책 이야기가 아니라 책을 고른 자
신의 이야기를 하고 있습니다. 바로 자신이 대학과 학과를 선택하
게 된 지원 동기를 자소서 독서 항목에서 아주 효과적으로 밝히고 있
습니다. 이 학생의 선택이 맞습니다. 책은 자신의 삶의 가치관과 철
학 그리고 그것이 축적된 지원 동기를 위한 소도구일 뿐, 자소서의 핵
심은 책을 통한 나의 이야기를 들려주는 것이기 때문입니다. 평가자 특
히 해당 학과(사회학과) 교수님들은 그의 이야기에 공감을 했을 것이
고 그것은 다른 지원자와의 차별화에 성공해 필시 높은 점수로 이어졌

을 것입니다. 이처럼 가치관을 통해 전공 적합성과 인성이 동시에 드러나는 것이 이 자소서의 최대 매력입니다.

물론 이 자소서에도 아쉬움은 있습니다. 지원자가 이 책을 읽은 계기가 분명하게 드러나지 않는다는 점입니다. 어떤 계기로 〈주교〉를 찾아 읽게 되었는지, 검색을 해보았는지 추천을 받았는지 도서관에서 찾아보았는지 등을 밝혀주었다면 자기주도성에서도 더 높은 평가를 받았을 것이기에 아쉬움이 남습니다.

〈사례 2〉 폴 칼라니티의 《숨결이 바람 될 때》

학교 공강 시간에 제가 놀러 가면 좋은 이야기를 해 주시는 진로 선생님이 이 책을 추천해 주셨습니다. 프롤로그에서 담담하면서도 슬프게 이야기를 풀어나가는 젊은 의사의 모습을 보면서 제대로 읽어 봐야겠다는 생각을 하게 되었습니다.

의학에 관심이 있고, 의예과에 진학하고 싶다 보니 의사로서의 삶에 대해 자세히 알고 싶었습니다. 의사가 되기 위해 어떤 내용을 배우게 되는지, 어떤 훈련 과정을 거쳐, 어떤 일을 하게 되는지 등 작가의 경험을 통해 알 수 있었습니다. 의사 체험을 해 본 듯한 기분이었습니다. 경험 속 다양한 에피소드를 통해 작가가 보여 주는 가치관과 깨달음들이 이제껏 생각해 보지 못했음에도 너무 공감이 가서 감명을 받았습니다.

환자와 의사를 넘나들며 여러 시각에서 바라본 의사의 모습을 통해 어떤 의사가 되어야 할지 생각해 보는 계기가 되었습니다. 생존 곡선을 보여 주며 냉철하게 어떻게 대처해야 할지 말해 주는 의사부터 데이터상으로만 만난 환자에게 깊게 공감하는 의사까지. 어느 쪽이 좋다고 할 수 없기 때문에 앞으로 계속 해 나가야 할 고민이라고 생각했습니다. 다만 그런 고민에 있어서 환자의 입장에서 꼭 생각해 봐야겠다고 다짐했습니다.

칼라니티는 의학뿐 아니라 문학과 철학 역사 등에 대해서 섭렵한 융합형 인간이었습니다. 칼라니티는 학부 때 전공이 영문학이었어요. 소설가와 의사 사이에서 고민하다 결국 의학도를 택했죠. 의사가 되어서는 암과 맞서 환자를 지키기 위해 싸우다 정작 자신이 암에 걸려 36살에 유명을 달리했습니다. 암 수술을 받고도 현업에 복무하여 죽기 직전까지 수술을 집도해 한 명의 환자라도 더 살리려던 모습이 인상적이었습니다. 재발 확률이 더 높아짐에도 불구하고 그가 현장에 복귀한 것은 의사라는 직업이 환자를 보고 일하는 직업이라고 생각했기 때문입니다. 그런 인식 속에서 자연스럽게 자신에게 주어진 운명을 선택한 것입니다.

서울대 의대에 지원해 합격한 이 학생은 전교 2등이었습니다. 1등은 떨어졌는데 2등이 붙어서 화제가 되었습니다. 물론 거기엔 자소서도 한몫했습니다. 자신을 노골적으로 자랑하지 않고 책을 통해서 자신이 뽑혀야 하는 이유를 잘 설명하고 있다는 점에서 전략적으로 좋은 자소서입니다. 책 속의 구체적인 에피소드들과 자신의 생각을 적절하게 섞어 자신이 왜 의대에 오고자 하는지 의대를 졸업하면 어떤 의사가 될 것 같은지 그 기대치를 확실하게 보여 주었습니다. 아직은 자신의 미래가 데이터를 중시하는 의사가 될지, 공감을 중시하는 의사가 될지 모른다고 솔직하게 밝히고 있습니다. 자소서를 보면 이 학생은 데이터를 중시하며 공감하는 의사가 될 것 같습니다. 데이터 공감 이전에 환자 입장에서 생각해 보는 의사가 되고 싶다는 바람이 소박하지만 읽는 이로 하여금 기대감을 갖게 합니다. 물론 좋은 의사가 되기 위해서는 가치관, 실력, 판단력 등 개인적 자질 외에 의료보험, 의료민영화, 영리병원, 포괄수가제 같은 정책 차원의 거시적인 이슈에도 자신의 생각을 갖고 할 말을 해야 합니다. 물론 칼라니티의 책에는 정책 관련 내용은 언급되어 있지 않습니다. 그렇지만 좋은 의사가 되기 위해서 이 학생이 갖춰야 할 나머지 덕목이기도 하죠. 의대생들이 3권의 책을 고른다면 한 권은 개인적인 지원 동기, 다른 한 권은 사회적인 지원 동기를 밝히는 전략도 나쁘지 않습니다.

어떤 독서법이 수능 국어 지문 읽기에 가장 도움이 될까요?
수능 시험을 볼 때 중요한 것이 시간 조절입니다.
어려운 지문은 통독으로 먼저 대강의 난이도와 방향을 잡은 뒤에
정독이나 숙독으로 들어가야 합니다.
쉬운 지문부터 먼저 읽고 가장 어려운 지문을 마지막으로 돌려야 합니다.

Part 2

바로 써먹을 수 있는 독서법

수능 · 내신 · 학종 · 4차 산업혁명

수능 1등급 만드는
개념 독서

수능 국어는 어떤 시험일까?

수능 국어는 학교(2학년 이상)에서 배우는 화법과 작문(문법 포함), 문학, 독서(소위 비문학) 파트에서 각각 15문제씩 출제됩니다. 고등학교 3년 동안 배우는 국어 과목의 종합 테스트처럼 보이지만 수능 국어가 학교 국어 시험과 다르다는 사실은 입시를 치르는 학생들이 누구보다 잘 압니다.

평가원은 그해 봄에 수능에 관한 보도자료를 발표합니다. '00학년도 대학수학능력시험 대비 학습방법 안내'라는 보고서입니다. 수능을 출제하는 곳이 평가원이므로 평가원이 시험을 어떻게 정의하는지를 아는 것은 매우 중요합니다.

1. 올해 수능 국어 화법 영역은 수험생이 화법에 대한 기본 개념을 익히고, 다양한 의사소통 상황에서 요구되는 사실적·추론적·비판적·창의적 사고력을 갖추었는가를 측정하는 문항이 출제된다.
2. 작문 영역에서는 다양한 상황에 적합한 글을 작성·조직·표현하는 능력과 글의 구조를 점검·조정할 수 있는 능력을 평가한다.
3. 문법 영역에서는 △언어의 본질 △국어 단위의 체계 △국어의 역사에 대한 이해를 바탕으로 국어의 특징을 파악하는 능력을 평가한다.
4. 독서 영역은 다양한 분야와 유형의 글을 사실적·추론적·비판적으로 이해하는 능력과 새로운 상황에 창의적으로 적용하는 능력을 평가하는 영역이다.
5. 문학 영역에서는 다양한 문학 갈래의 작품을 활용하여, 한국 문학에 대한 이해를 바탕으로 공동체의 문화를 비판적·창의적으로 수용하는 능력을 평가한다.

해마다 내용은 비슷합니다. 다양한 상황 혹은 다양한 글을 읽고 사실적·추론적·비판적으로 이해하고 창의적으로 적용하는 능력을 평가하는 시험이라는 것입니다. 한마디로 사고력을 측정하는 시험이라고 부를 수 있습니다. 국어는 사고력, 정확히는 언어 사고력을 측정하는 시험입니다. 사고력에는 진도와 범위라는 것이 존재하기 어렵습니다. 이제 각각의 사고력에 대해서 알아보겠습니다.

사실적 사고란 글 속에 명시된 내용을 사실 그대로 이해하거나 사실에 맞게 언어로 표현하는 능력을 말합니다. 내용 일치 혹은 불일치 문제라고도 합니다. 가장 쉬운 유형입니다. 그러나 하위권 학생들이 가장 많이 틀리는 유형이기도 합니다. 수능 국어를 잘하고 못하고는 이 기본적인 유형의 문제를 얼마나 틀리지 않는지에 달려 있다고 해도 과언이 아닙니다. 4등급 이하인 학생들은 이 유형부터 틀리고, 높은 등급 학생들은 이 유형을 반드시 맞힌다는 점에서 차이가 납니다.

추론적 사고는 수능 문제 중에서 가장 높은 비율을 차지합니다. 절반 이상이 추론 문제라고 해도 과언이 아닙니다. 추론적 사고란 글에 나와 있는 정보 관계를 파악하거나, 글에서 명시되지 않은 생략된 내용을 상상하며, 글을 읽고 내용을 파악하는 능력을 말합니다. 내용 간의 의미 관계 파악과 세부 내용 추론, 생략된 정보 추론 문제가 전형이죠. A〉B이고 B〉C이면 A〉C를 알 수 있는 능력이 바로 추론 능력입니다. 중위권 학생들이 가장 많이 틀리는 영역이어서 상위권과 중위권을 가르기도 합니다.

비판적 사고란 언어 판단과 이해 과정에서 여러 준거에 의해 발생한 것을 바탕으로 그 정당성이나 적절성 또는 가치 및 우열에 대하여 평가하는 능력을 의미합니다. 쉽게 말하면 옳고 그름을 따지는 문제입니다. 반응의 적절성 평가, 감상의 적절성 평가 문제로서 적게 출제되지만 대부분 3점짜리입니다. 창의적 사고와 함께 가장 어려운 유형으로서 상위권과 최상위권을 가르는 문제로 알려져 있습니다.

창의적 사고란 주어진 상황에 맞게 어떤 언어 자료를 변형하거나 새롭게 표현하는 고차원적인 언어 활동입니다. 텍스트의 외부 바깥을 읽어야 한다는 점에서 기본은 추론적 사고입니다. 그 사고를 뛰어넘어 도

94

약하는 사고 능력으로 가장 고차원적인 사고력입니다. 수능에서는 한 두 문제 나올 정도지만 그 문제가 1등급에서 만점과 97점을 가르는 결정적인 경우가 많습니다. 구체적 상황에 적용하기, 내용과 구조의 창의적 수용과 생성 등의 형태로 출제됩니다.

사고력은 개념 독서로 완성된다

수능을 대비하려면 사고력을 키워야 하는데 가장 좋은 방법이 독서입니다. 우리는 책을 읽으면서 생각에 빠집니다. 이것이 사고의 과정입니다. 텍스트에 적힌 개념들에 집중하면서 개념을 이해하고 개념에서 새로운 정보를 추론하고 그 개념을 비판하며 읽어 갑니다. 이것이 바로 개념 독서입니다.

수능에서 사용되는 비문학 지문들은 공통적인 특징이 있습니다. 국어 시간보다는 사회나 과학 시간에 배우는(때로는 배우지 않는 개념도 나옵니다) 낯선 개념과 정보를 충분히 주고 그 정보를 어떻게 활용하는지 문제와 보기를 통해 변별해 냅니다. 기존의 지식으로 문제를 풀라는 것이 아니고 지식이 없는 상태에서 주어진 정보, 즉 개념을 가지고 문제를 해결하라고 요구합니다. 정보는 충분합니다. 충분하다 못해 넘칩니다. 그럼에도 학생들은 어떤 정보가 문제 해결에 도움이 되는지를 몰라 허둥대다 시간만 보냅니다.

이런 능력들은 문제지만 푼다고 해서 자연스럽게 늘지 않습니다. 자신이 잘 모르는 분야의 텍스트를 자주 접하고 모르는 텍스트 속에서 그 개념을 이해하려는 노력을 기울일 때 형성됩니다. 수능을 대비하는 좋은 방법은 무작정 문제집을 많이 푸는 게 아니라 관련된 개념 독서를 실천하는 것입니다. 즉 쉽고 재미있는 이야기 중심의 책들보다는 어렵고 개념어를 자주 사용하는 책들을 평소 읽으면 수능 점수를 올릴 수 있습니다. 저는 문제집 10권보다 어려운 책 1권을 처음부터 끝까지 완독하는 것이 국어 영역의 성적을 올리는 비법이라고 생각합니다. 실제 제가 지도한 많은 학생이 기출 문제와 EBS 교재 외에 다른 문제 풀이를 하지 않고도 자연스럽게 개념 독서를 실천해 국어 영역만큼은 높은 점수를 받은 사례가 많습니다. 국어는 공부를 많이 한다고 성적이 오르거나 공부를 적게 한다고 성적이 떨어지지 않는 안정적인 과목이라고 말하는 이유입니다.

인문·사회 지문을 대비하는 책

인문·사회 지문이 나오면 누구나 낯선 개념 때문에 힘들어합니다. 낯선 존재를 만날 때 두려움을 느끼는 것과 비슷합니다. 낯선 개념이 많이 나오는 인문 서적 한 권을 읽으면서 어려운 내용을 곱씹어 보면서 질문을 스스로 만들어 보는 훈련을 해 보기를 추천합니다. 어려운 책을 읽으면서 진정한 사고의 본질을 파악하는 방법입니다.

이때 학생들에게 권하는 책이 있습니다. 《괴델, 에셔, 바흐》(까치), 《사고의 본질》(아르테)이라는 책입니다. 두 권 모두 미국의 천재 과학자인 더글러스 호프스태터가 쓴 책입니다. 두 책은 과학서이면서 인문서이기도 합니다. 동서양 우주관의 역사를 비교한 올해 수능 지문처럼 앞으로는 통합적인 지문들이 계속 나올 가능성이 높습니다. 특히 동서양을 모두 아우르는 작가들의 책이 좋습니다.

더글러스 호프스태터(1945~)는 이 세상에서 가장 똑똑한 사람 중 한 명일 거예요. 1,000쪽이 넘는 이 책을 제대로 읽어내려면 수학, 컴퓨터, 음악, 역사, 철학, 물리학, 미술, 생리학 등 전방위적인 지식과 교양이 필요합니다. 그는 아리스토텔레스, 제논 등 고대 그리스 학자뿐 아니라 선불교의 대가이기도 합니다. 작가는 동양과 서양을 아우르며 엄청난 지식과 논리로 독자들을 완전히 무장 해제시킵니다.

저자는 이 책에서 수학=음악=미술이고 바흐의 멋진 음악에서 느끼는 황홀경이나 페르마의 마지막 정리에서 느끼는 지적 황홀이 실은 같은 거라는 말을 들려줍니다. 지식의 본질은 아름다움이라는 게 핵심입니다. 책 내용의 대부분은 수리 철학의 기본 규칙들에 대한 설명인데요, 그것을 대화체(아켈레스와 거북이가 주로 등장하고 게와 개미핥기도 가끔 등장합니다)와 독백체를 섞어 한 편의 희곡처럼 독자들에게 보여 줍니다. 기발한 아이디어는 그 자신도 인정하듯이 《이상한 나라의 앨리스》의 저자 루이스 캐롤에서 빌려 온 것 같습니다. 깊이와 재미를 동시에 추구하기. 이런 점이 종합적으로 인정돼 80년 퓰리처 상을 받은 거겠죠. 난이도만 따지면 일반 대중들이 읽기는 어렵지만 저자의 다양한 시도 덕분에 속도감 있게 읽히는 책입니다. 놀라운 사실은 이 책이 나온 80년대에 이미 지금 수준의 인공지능을 예언하고 있다는 점이에요. 그는 이렇게 말합니다.

"인공지능 연구의 이상한 묘미는 많은 규칙을 엄격한 형식으로 짜 넣어서 경직된 기계를 유연하게 행동하도록 만들려는 데에 있다."

대단한 통찰입니다. 알파고를 탄생시킨 현재의 딥러닝과 머신러닝 기술은 질문하면 답만 내놓던 컴퓨터가 주변 환경과 상호작용하면서 스스로 배워가는 상황이 되었습니다. 바로 경직된 기계에 유연성 불어넣기라는 말로 요약이 됩니다. 학생 입장에서는 저자가 주장한 내용에서 지금 현재의 상황을 연결시키는 것이 바로 추론적 사고이며 창의적 사고의 기반입니다. 통찰력이 뛰어난 사람은 추론을 잘하고 창의적인 사람입니다. 그가 이 책에서 추론하고 때로는 상상한 세상이 현실로 나타나고 있습니다.

책에는 선문답이 수시로 등장합니다. 논리적 모순을 통해서 진리를 깨닫게 하는 방법인데 이런 식입니다.

"네가 그것을 공부하고 있다면, 너는 선으로부터 멀어진다."

불교철학, 특히 선불교는 머리를 싸매고 달려들면 들수록 달아나는 느낌을 받잖아요. 알 것 같으면서도 잘 모르겠는 세계입니다. 그는 선禪을 지식의 모래 함정이요, 설명될 수 없는 그 무엇으로 정의합니다. 에셔의 이 그림이 그렇죠. 설명될 수 없는 그 무엇. 에셔의 그림 〈세 개의 공〉을 그는 불교의 인드라망(부처가 세상 곳곳에 머물고 있

세 개의 공

음을 상징하는 말)으로 해석합니다. 이 우주의 삼라만상은 서로가 연결되어 있고 서로가 서로를 비추는 거울이죠. 그의 해석을 읽으면 보이지 않던 그림의 이면이 보이기 시작합니다.

수학 책 읽는 느낌이 들다가 소설을 읽는 느낌이 들기도 합니다. 책장 넘길 때마다 지적 흥분을 짜릿하게 느끼면서 사고가 유연해집니다. 조금 어렵다고 생각할 수 있지만 이 책을 서울대 자소서에 활용한 학생을 이미 여럿 보았습니다.

《사고의 본질》은 《괴델 에셔 바흐》보다 33년이 지난 2013년에 출간되었고 한국에서는 2017년도에 출간됐습니다. 역시 두껍고 어려운 책이어서 발췌하여 읽기를 권합니다. 사고에 관한 수많은 개념들이 등장하는데, 자신에게 필요한 부분만 골라서 읽는 것입니다. 이 책에는 개념이란 단어가 정말 숱하게 등장합니다. 개념적 도약, 개념적 이탈, 개념적 혼합, 개념적 확장, 개념적 후광 등 파생 단어도 적지 않습니다. 여기서 개념 확장의 중요성에 대해 잠깐 짚어보겠습니다. '플린 효과'라는 용어가 있습니다. 플린 효과란 80년대 이후 지능검사의 결과가 각국마다 20년에 5% 정도로 느리지만 꾸준히 오르고 있다는 내용입니다. 그 이유는 개념의 확장으로 나비효과를 일으키면서 인간을 계속 똑똑하게 만들고 있기 때문입니다. 예를 들면 인종차별이란 개념은 성차별, 노인 차별, 종 차별, 비만 차별로 확장하면서 우리에게 온갖 형태의 차별에 주목하게 하고, 그것을 고치려고 노력하는 결과로 이어졌습니다. 개념의 확장은 바로 인류 문명의 진보라는 것을 알 수 있습니다.

저는 국어 영역을 공부하고 가르치는 입장에서 종종 수능 국어는 점점 더 수학과 비슷해진다고 말합니다. 답이 정확하고 사고 과정이 명쾌

해야 한다는 점에서 국어는 수학을 닮아가고 있습니다. 수학 같은 논리적 정밀성이 점점 요구되고 있습니다.

위 두 책이 어렵다면 논리력을 키우는 데 도움이 되는 좀 더 쉽고 재미있는 수학 만화를 추천합니다. 수학자이자 철학자인 버트런드 러셀의 일대기를 다룬 만화 《로지코믹스》(랜덤하우스)입니다. 《괴델, 에셔, 바흐》에도 '러셀의 역설' 이야기가 비중 있게 다루어집니다. 버트런드 러셀은 친구이자 스승인 화이트헤드와 《수학원리》(1903)를 집필하던 중 이 역설을 발견했습니다. 집합론의 대가 칸토어를 공격하기 위해서였는데요. 칸토어에 따르면 '모든 집합들의 집합은 그 자신이 집합이므로 자기 포함 속성을 지니는 반면에, 모든 수의 집합은 그 자신이 수가 아니므로 자기가 포함되지 않는 속성을 지닙니다. 자기 포함 속성을 이용해 "자기 자신을 원소로 지니지 않는 모든 집합들의 집합'을 정의해볼까요? 이 집합에 대해 '이 집합은 자기 자신을 원소로 지니는가?'라는 질문을 던질 수 있습니다. 만일 원소로 지닌다면 그 자신은 자기 자신을 원소로 지니지 않는 집합이기에 불가능하죠. 반대로 원소로 지니지 않는다면 자신을 원소로 지니지 않는다는 속성을 지니므로 그 집합의 원소가 됩니다.

그는 이렇게 쉽게 비유합니다. "어떤 마을에 면도에 관한 엄격한 법이 있다고 가정해 보지요. 그 법에 따라 모든 성인 남성은 매일 면도를 해야 합니다. 그러나 스스로 면도를 해야 한다는 규정은 없어서 면도를 받으려면 이발사에게 가면 됩니다. 정확한 법 조항은 '스스로 면도를 하지 않는 사람은 이발사에게 면도를 받는다'인 셈이죠. 그런데 이 규정을 그대로 받아들이면 역설이 발생합니다. 이발사는 누구에게 면도를 받아야 하나요? 그가 스스로 면도를 한다면 그는 스스로 면도를 하지 않는 사람을 면도해야 하는데 그는 스스로 면도할 수 있는 사람이니까 규정 위반이죠. 그렇다고 다른 이발사에게 면도를 받을 수도 없습니다. 이발사 역시 스스로 면도를 하는 사람을 면도하게 되는 셈이어서 법 위반이 되는 거죠." 말장난 같은데 좀 더 쉽게 설명하면 에우불리데스의 유명한 선언 "시민 여러분 나는 지금 거짓말을 하고 있습니다."의 거짓말쟁이 역설과 비슷한 겁니다. 무언가가 자기를 언급하면 역설이 발생하기 때문에 자기 언급의 역설로도 불립니다. 러셀의 역설은 어떤 이론에서 전제, 정의, 공리 등에 결함이 있을 때 발생하는 것으로 증명됐습니다.

어려운 과학 지문을 대비하는 책

2019학년도 수능에서 모든 과목을 통틀어서 가장 어려운 문제는 국어 영역에서 나왔습니다. 보통은 주관식 문제가 10문제나 되는 수학에서 나왔기에 정말 뜻밖이었습니다. 동서양의 우주관을 비교한 비문학 과학 지문이지만 과학에 역사를 녹여서 문과학생들도 어렵고 이과학생들도 어렵게 만든 극악의 난이도였습니다. 시험장에서 자기가 모르는 분야의 지문이 나오면 한숨만 나올 뿐입니다. "책 좀 읽어 둘걸." 그런데 책, 그것도 어려운 과학 책을 많이 읽는다고 해서 자신이 아는 내용의 지문이 나온다는 보장은 없습니다. 물론 이 세상의 모든 과학 책을 읽을 수도 없는 노릇입니다. 어떻게 해야 할까요? 제가 생각하는 가장 좋은 대안은 어려운 책을 찾아 처음부터 끝까지 완독해 보는 것입니다.

《공부머리 독서법》의 저자는 중고등학생 시절 700쪽이 넘는 칼 세이건의 《코스모스》를 반복해서 읽었더니 수능 언어 영역 점수는 알아서 잘 나왔다고 합니다. 실제 문·이과를 가리지 않고 많은 상위권 학생들이 이 책을 읽습니다. 이 책을 많이들 소개하는 만큼 저는 다른 책을 추천하고자 합니다.

현대를 대표하는 이론물리학자이며 손꼽히는 대중 과학서 작가인 미치오 카쿠의 《초공간Hyperspace》을 중고생에게 강추합니다. 미치오 카쿠도 칼 세이건처럼 자연과학을 다루되, 전달 방법에서는 역사, 문학, 영화 등 인문학적 사례들을 활용해 일반 독자들에게 아주 쉽게 내용을 전달합니다. 물론 대중서라고 해도 과학에 관심 있는 일반 독자들을 대상으로 한 책이라 중고생이 읽기에는 조금 벅찹니다. 서울대 자소서에는 그의 저서 《평행 우주》, 《마음의 미래》, 《미래의 물리학》 등이 자주 인용되지만 주로 물리학과 아니면 의학과 지원자들입니다. 최상위권 고등학생이 아닌 일반 학생이나 중학생은 어렵지만 그래도 도전할 만한 가치는 충분합니다.

어려운 책 한 권을 처음부터 끝까지 찬찬히 완독하는 것이 토막 지식 글 100편을 읽는 것보다 더 좋은 이유는 실용적 이유와 심리적 요인 모두 있습니다. 실용적 이유는 한 권의 책을 처음부터 끝까지 읽었을 때 얻게 될 지식의 총량이 100편의 토막 글을 읽을 때보다 많기 때문입니다. 한 권의 책은 지식이 유기적으로 연결되어 있고 다양한 방법으로 변주되고 강조되기 때문에 처음에는 어렵지만 끝에 가서는 전체적인 상이 그려지면서 자연스럽게 자신의 지식으로 축적됩니다. 심리적인 이유는 자신감입니다. 내가 칼 세이건의 책을 읽었어, 내가 미치오 카쿠의 책을 읽었다는 자신감은 물리 우주에 관한 지식뿐 아니라 다른 공부에도 이어질 수 있기 때문에 중고등학교 시절에 어려운 책을 처음부터 끝까지 완독하는 것은 적어도 한 번 이상은 도전해 볼 가치가 있습니다.

《초공간》(1994)은 미치오 카쿠가 쓴 첫 번째 대중과학서로서 한국에서는 초판이 나온 지 21년이 지난 2018년에야 제대로 된 번역본이 나왔습니다. 그럼에도 지금 봐도 신선한 내용이 가득합니다. 하루가 멀다 하고 새로운 지식이 쏟아져 나오고 기존 지식이 오류로 인정되는 과학계에서 얼마나 시대를 앞선 작가인지 알 수 있습니다.

고등학교 수준을 가볍게 뛰어넘는 어려운 내용이지만 쉬운 비유와 사례 그리고 수시로 등장하는 친절한 그림들이 있어 그의 이론을 잘 몰라도 읽을 수 있습니다. 이를 수능과 연결해 생각해 볼까요. 가장 오답률이 높았던 31번 문제의 경우 보기에 그림이 나오는데요, 그림과 연계해서 지문 내용을 이해하는 습관을 평소에 형성되어 있는 학생들이라면 크게 당황하지 않고 해결할 수 있었습니다. 초공간은 공간을 뛰어넘는다는 뜻으로 멀리 떨어진 두 장소를 연결하는 웜홀을 의미합니다. 초공간은 현재 기술로는 증명할 수 없지만 수학적으로는 엄밀하게 정의된 방정식에 기초하고 있습니다. 웜홀은 이론적으로는 인공적으로 만들 수도 있는데 물론 에너지가 필요합니다. 카쿠에 따르면 세계에서 가장 강력한 입자충돌기보다 천조 배 이상 큰 에너지가 필요하다고 합니다. 책은 이런 내용을 전달하면서 영화 〈스타 트랙〉이나 로버트 하인라인의 소설 〈너희 모두 좀비들은…〉 같은 현대 작품은 물론, 허버트 조지 웰스의 《투명 인간》, 루이스 캐롤의 《이상한 나라의 앨리스》 같은 고전까지 폭넓게 활용합니다. SF 소설과 영화적 상황에서 생겨날 패러독스들에 대해서 생각해 볼 수 있는 사고 실험의 시간도 열어 줍니다. 아인슈타인, 스티븐 호킹 그리고 초끈이론의 창시자 에드워드 위튼까지 수많은 과학자들이 펼친 이론들의 정수를 쉽게 풀어서 설명하고 있어 이 한 권의 책을 통해 미치오 카쿠뿐 아니라 수많은 지식이 머릿속에서 연결됩니다. 어려운 책 한 권으로 부분과 전체에 모두 통달할 수 있습니다. 수능 과탐 물리 문제들이 지식의 전체상을 알아야 풀 수 있는 문제라면 국어 영역의 과학 지문은 해당 지문의 틀 안에서 부분적인 지식이 필요합니다. 그 지식을 바탕으로 추론하고 비판하는 사고력이 필요합니다. 미치오 카쿠의 책 한 권을 제대로 읽을 수 있다면 수능 국어 과학 기술 지문이 전혀 어렵지 않게 느껴집니다.

이 책에 나와 있는 그림을 보고 스스로 그림 설명을 직접 달아 보는 연습을 하는 것도 좋습니다. 수능 국어 영역 중에서 그림 보기에 나오는 문제에 약하다면 도움이 됩니다.

EBS 지문 요약으로 사실적 사고력을 키운다

서울대생들은 수능 국어와 논술을 대비하면서 문제집만 풀지 않습니다. 책을 읽고 개념을 정리하는 습관을 갖고 있습니다. 서울대가 논술 시험을 치르지 않은 지 꽤 됐지만 여전히 많은 최상위권 학생들은 읽기와 쓰기를 병행해 공부합니다. 공부한 내용을 노트로 정리하고 머리에 있는 지식을 시각화하는 방법을 사용합니다. 이른바 지식의 구조화 전략을 차용하는 셈입니다. 수능 국어를 공부할 때도 수학을 공부할 때처럼 노트를 만드는 학생들이 많습니다. 이렇게 손과 머리를 동시에 사용하는 공부법은 무엇을 위해서일까요? 오답 노트라도 작성하기 위해서일까요? 아닙니다. 바로 요약하기 위해서입니다.

비문학의 기본은 사실적 사고입니다. '위 글의 내용과 일치하는 것은?' 혹은 '일치하지 않는 것은?'이란 발문이 나옵니다. 내용 일치 문제로서 지문 내용을 제대로 이해했는지 묻는데, 사실 이게 가장 어렵습니다. 지문이 길거나 처음 보는 내용이어서 배경지식이 부족할 때, 학생들은 시험 현장에서 이런 기본적인 문제를 풀 때도 시간이 많이 들고 급기야 실수를 연발합니다. 그 이유는 지문이 이해가 안 되니 내용이 머릿속에 안 들어오기 때문입니다. 내용이 정리가 안 되고 머리에 들어오지를 않으니 계속해서 지문을 보고 문제를 읽고 다시 지문을 보는 식으로 시간을 잡아먹습니다. 그럴 때 좋은 방법이 요약하기입니다. 요약하기를 해 보면 중요한 정보와 중요하지 않은 정보를 구분할 수 있게 되고 중요한 정보를 간추리는 능력이 생깁니다.

아무리 내용 일치 문제라고 해도 중요하지 않은 정보에서 나오는 법은 없죠. 평소 비문학 문제를 풀 때 문제를 푸는 것으로 그치지 말고 직접 요약해 보는 훈련을 합니다. 비문학 지문의 구조와 패턴을 익히는 데 효과가 있습니다. 게다가 단락별로 글이 눈에 들어오는 훈련도 자연스럽게 됩니다. 요약하기는 단락별로 핵심 키워드와 핵심 문장을 찾아낸 뒤 자신만의 언어로 정리해서 연결어를 이용해 자연스럽게 한 단락의 글로 만드는 것입니다.

영어, 수학, 탐구에 비해 유달리 국어 성적이 나오지 않는 이과생이 있었습니다. 특히 사실적 사고 문제를 많이 틀리는 유형이었습니다.

그 학생에게 저는 EBS 수능 연계 지문(수능특강과 수능완성)을 200~400자 분량으로 압축 요약하는 노트를 만들어 하루에 하나씩 꾸준히 요약해 보라고 했습니다. 꾸준히 실천하자 EBS 지문을 요약하는 실력이 갈수록 늘어났습니다. 나중에는 학생이 요약한 지문만으로도 지문의 내용이 거의 완벽하게 눈에 들어왔습니다. 중요한 것과 중요하지 않은 정보를 스스로 선별할 수 있는 눈이 생긴 거죠. 자연스럽게 모의고사 성적도 상승해 수능 국어에서 1등급을 받을 수 있었습니다. 이 학생 말로는 처음에는 시간이 많이 걸렸다고 합니다. 지문 하나 요약하는 데 한 시간 가까이 걸리기도 했답니다. 그러면서 차츰차츰 시간이 줄어들었다고 합니다. 읽기 속도도 그만큼 빨라진 것이지요. 요약하기는 사실적 사고뿐 아니라 전반적인 국어 능력을 상승시켜 수능 국어 고득점을 받을 수 있게 도와줍니다. 고1~2, 중학생들은 자신이 읽고 있는 책 중에서 낯선 개념이 많이 등장하는 비문학 작품들을 읽으며 요약하는 연습을 꾸준히 하면 독해력을 키우고 장기적으로 수능 국어 성적을 대비하는 좋은 방법이 됩니다.

추론적 사고를 위한 비교하기 연습

앞서 말했듯이 수능 국어에서 가장 많이 나오는 유형이 추론 능력을 평가하는 문제입니다. 예를 들면 다음과 같은 발문으로 구성되어 있습니다.

1. ㉠, ㉡에 대한 이해로 가장 적절한 것은?

2. ㉮의 상황에 대한 설명으로 적절한 것은?

3. 윗글을 바탕으로 할 때, ⓐ에 대한 답으로 가장 적절한 것은?

보통 위 세 가지 유형 중 하나입니다. 지문 속에 밑줄 친 두 개의 문장을 놓고 새로운 사실을 추론하기와 밑줄을 길게 치고 그 상황에서 새롭게 추론할 수 있는 내용이 무엇인지 묻는 유형입니다. 세 번째는 질문을 던져 놓고 그 질문에 대한 답을 찾는 인과관계 혹은 상관관계를 추론하는 유형입니다. 기본적으로 이런 패턴입니다. 'A가 B를 의미하고 B가 C를 의미한다면 A가 C를 의미하는 것이 맞는가?' 입니다. 물리학자 호프스태터는 이를 추론의 전형적인 패턴이라고 했습니다. 두 명제 혹은 두 상황의 유사성을 가지고 판단하는 거죠. 수능 문학 지문에 자주 등장하는 두 지문의 공통점 찾기도 이와 비슷한 방식의 사고 과정을 요구합니다.

문학 지문에서는 다음과 같은 발문을 자주 발견할 수 있습니다. 요즘 들어 시詩뿐만 아니라 소설, 희곡 등도 복합 지문으로 나오는 경우가 늘고 있습니다. 2019학년도 수능에서도 박태원의 소설 《천변풍경》과 이범선 원작의 영화 〈오발탄〉의 시나리오가 복합 지문으로 출제됐습니다. 당시 첫 번째 문제는 두 지문의 공통점을 물었습니다.

4. (가)와 (나)의 공통점으로 가장 적절한 것은?

추론 능력을 키우려면 결국 두 지문 혹은 두 상황의 공통점과 차이점이 눈에 들어와야 합니다. 추론 능력을 키우는 데 도움이 되는 훈련이 비교하기 연습입니다. 호프스태터의 글을 인용해 보겠습니다.

"K의 할아버지는 삼나무 숲을 사랑했다. K의 할아버지가 늙고 병들어서 모두가 임종이 가까웠음을 알았을 때 K의 아버지는 마지막으로 캘리포니아 북부에 있는 세상에서 가장 장대한 삼나무 숲이 약 50km에 걸쳐 펼쳐진 아름다운 거목의 길을 보여 주기로 결정했다. K의 할아버지에게는 항상 소중히 여겼던 나무들 속에서 아들과 함께 추억을 만들며 특별한 순간을 보낼 수 있는 멋진 시간이었다. K의 할아버지는 이 여행을 다녀온 지 얼마 되지 않아 평온하게 세상을 떠났다.

40년 후 K의 아버지가 노인이 되면서 여러 해 동안 건강이 악화되었다. K의 아버지 역시 평생 삼나무 숲을 사랑했다. 어느 날 K는 아버지가 할아버지에게 해드렸던 일, 바로 마지막으로 언제나 사랑했던 장엄한 나무들 곁으로 갈 수 있도록 거목의 길로 모셔가는 일을 아버지에게 해드려야겠다고 생각했다. 그녀는 아버지가 다시 한번 이 드문 장관을 경험하고 그 순간을 함께 나누기를 간절히 바랐다.

그러나 애석하게도 상황은 그렇게 돌아가지 않았다. 그 원인은 전적으로 유추 작용이라는 인간의 능력에 있었다. K가 아버지를 삼나무 숲으로 모셔가고 싶다는 뜻을 감히 비추기라도 한다면 아버지가 할아버지와 떠났던 여행과의 유사성이 모든 가족 그리고 무엇보다 당연히 아버지의 머릿속에서 즉시 떠올랐을 것이다. 그러면 K의 제안은 대놓고 '아버지, 곧 돌아가실 때가 되었으니 그전에 마지막 여행을 하고 싶어요.'라고 말하는 것과 다를 바 없었다. 다시 말해서 이 여행을 하는 것은 K가 아버지에게 당신은 죽음의 문턱에 서 있다고 하는 명백한 메시지

가 되었을 것이다. 그래서 K는 부지불식간에 이중의미를 지닌 '거기
는 가지 않는 게 좋아!'라고 되뇌었다." -《사고의 본질》

　재미있는 일화인데요. K의 할아버지와 K의 아버지는 둘 다 삼나무
를 사랑하는 공통점이 있습니다. 그리고 자식을 사랑하고 자식으로
부터 사랑받고 있다는 공통점도 있지요. 그러나 차이점이 있습니다.
이 차이점 때문에 두 사람은 다른 선택을 했습니다. 정확히는 K와 K
의 아버지가 다른 선택을 한 것입니다. 죽음에 대한 경험이 유추로 작
용하고 있기 때문입니다. 이 유추는 개연성은 있을지 모르지만 인과관
계는 전혀 아닙니다. 나이 들어서 삼나무 숲을 여행 간다고 그 후에 죽
음이 찾아오는 것은 절대 아니니까요. 그럼에도 불구하고 사람들은 이
렇게 생각하기 쉽죠. K는 잘못된 유추의 오류, 잘못된 인과관계의 오류
에 빠져 있었다고 논리적 모순을 지적할 수 있습니다. 이런 식으로 글
을 읽을 때마다 두 제시문 혹은 두 상황의 공통점과 차이점을 찾아보
고 차이점에 대해서 더 깊이 있게 생각하면 추론 능력이 자연스럽게 길
러집니다.
　이 비교 능력은 지문과 보기를 주고 적절한 반응 문제를 묻는 문제에
도 크게 도움을 줄 수 있습니다. 지문을 토대로 보기와 답지의 유사성
을 찾는 문제거든요. 결국 보기와 지문의 공통점을 알고 있어야 유사하
거나 그렇지 않은 답지 내용을 정확하게 구별할 수 있습니다.

사고의 오류를 잡아라

출제 문항 수는 적지만 오답률이 높은 문제를 살펴보면 아래와 같은 형태의 발문이 꽤 많습니다. 난이도가 높아서 주로 3점짜리에 해당합니다.

1. 다음 보기를 읽고 느낀 반응으로 가장 적절한 것은 혹은 적절하지 않은 것은?
2. ㉠에 대해 OOO가 예상하는 답으로 가장 적절한 것은 혹은 적절하지 않은 것은?

1번 문제는 감상의 적절성을 묻는 문제로 주로 문학 지문에서 쓰입니다. 2번 문제는 반대 관점의 이해를 묻는 문제로 주로 비문학 지문에서 사용됩니다. 결국 비판적 사고를 평가하려는 문제입니다. 평가원은 비판적 사고를 다음과 같이 정의합니다.

"어떤 견해를 받아들일지 또는 어떤 행위를 할지를 결정하기 위해서, 주어진 언어적·비언어적 자료(진술 등 언어적 표현과 비언어적 행위)의 논리적 구조와 의미에 대한 파악을 토대로 개념, 증거, 방법, 맥락 등을 고려하여 최선의 판단을 내리고자 하는 사고입니다."

인간은 행동 전에 여러 자료를 토대로 고민해 보고 생각합니다. 그러고 나서 최선의 판단을 내리는 거죠. 그런데 실수를 할 때가 많습니다. 인간은 실수하고 오류를 범하기 위해서 태어났다고 해도 과언이 아닙니다. 불완전한 존재이기 때문에 인간은 완벽한 존재로 신을 상상하는 겁니다. 좋은 판단을 할 수 있도록 돕는 게 비판적 사고인데 그 반대인 실수를 범하기 쉬운 게 인간이라는 존재이니만큼 비판적 사고는 어찌 보면 인간이 인간의 한계를 뛰어넘어야 풀 수 있는 문제라고 할 수 있습니다.

비판적 사고를 포함해 사고력 전체를 점검하며 끌어올릴 수 있도록 마이클 루이스가 쓴 《생각에 관한 생각 프로젝트》(김영사)라는 책입니다.

마이클 루이스는 세계 최고의 논픽션 작가라는 평가를 받는《아웃라이어》의 저자 말콤 글래드웰이 세계 최고로 인정하는 논픽션 작가입니다. 국내에서는 영화로 더 유명한 〈머니 볼〉과 〈빅 숏〉의 원작자로 더 알려져 있지요. 경제학 석사 학위 보유자로서 월 스트리트에서도 일한 경력이 있어서 주로 경제경영 분야의 책을 저술해 왔습니다. 이번에 신작은 경제학과 심리학의 융합인 행동경제학의 탄생 비화를 다루고 있습니다. 이스라엘 출신의 심리학자 대니얼 카너먼과 아모스 트버스키의 전기쯤으로 이해하면 될 듯합니다.

행동경제학은 인간의 실수를 연구하는 학문입니다. 실수라기보다는 생각의 오류라고 하는 게 적절합니다. 인간의 오류는 예외적인 현상이 아니고 늘 있는 것이며 어떤 체계를 갖추고 있다는 것이 행동경제학의 제1 테제입니다. 카너먼은 독일의 게슈탈트 심리학에 영향을 많이 받았는데요, 아시다시피 게슈탈트 심리학은 인간의 착시를 집요하게 다루고 있습니다. 착시뿐 아니라 착각으로 외연을 넓힌 것이 행동경제학이라고 볼 수 있습니다. 단순한 말 장난처럼 들릴 수 있었던 행동경제학이 학문적 체계를 갖춘 데에는 아모스의 수학적 머리가 크게 작용했습니다. 인간은 확률 계산을 제대로 못하기에 착각과 판단 오류를 밥 먹듯이 반복한다고 말합니다. 그에 따르면 통계학자들도 실수를 자주 합니다. 통계학자들도 학자이기 이전에 인간이기 때문이죠. 예를 들어 다음과 같은 문제는 통계학자들도 자주 틀립니다.

"평균 IQ가 100인 50명의 집단이 있다. 그 집단에서 무작위로 사람들을 선발하는데 첫 번째로 선발된 사람의 IQ는 150이었다. 그다음 사람의 IQ는 얼마일 것으로 기대하는가?"

정답은 101입니다. 많은 통계학자들이 100이라고 답했습니다. 그 이유는 IQ가 높은 사람이 뽑혔으니까 이번에는 IQ가 낮은 사람이 뽑힐 것으로 예상했기 때문입니다. 마치 동전의 앞면이 연달아 5번 나오면 다음에는 뒷면이 나올 확률이 더 높을 것으로 예상하는 것과 비슷한 이치입니다. '도박사의 오류'이고 기저율에 대한 정확한 이해가 되어 있지 않기 때문에 이런 실수가 발생하는 겁니다.

대표성의 오류, 접근 가능성의 오류, 작은 표본의 위력 믿기, 사후 확증 편향 같은 개념이 어떻게 탄생했는지 그 배경이 이스라엘의 역사 이야기와 맞물려 돌아가서 한 편의 흥미진진한 소설을 읽는 느낌을 줍니다. 대표성의 오류도 살펴볼까요? 100명 중 70명이 변호사, 30명이 엔지니어인 집단에서 한 사람이 엔지니어일 확률은 30%입니다. 그런데 그 사람이 보수적이고 조심성이 있다, 사회적 이슈에는 관심이 없고 취미는 수학 문제 풀이라는 말을 들으면 사람들은 그가 엔지니어일 확률이 30% 이상 아니 그보다 훨씬 더 높이 잡습니다. 몇몇 성질들이 엔지니어의 대표성을 띠고 있다고 생각하기 때문이죠.

이 책을 읽으면서 행동경제학의 반대편 관점에 서 있는 진화심리학의 입장에서 이 책에 실린 행동경제학을 비판하는 것은 좋은 훈련이 됩니다. 진화심리학은 인간의 뇌는 진화 과정에서 적절하고 효율적으로 진화했다고 주장합니다. 도박사의 오류에 대해서 진화심리학자라면 어떻게 옹호할까요? 대표성의 오류는 어떨까요? 쉽지 않은 문제지만 이런 문제에 대해서 고민하며 책을 읽는 습관이 몸에 붙는다면 수능에서 어려운 비판적 사고 문제에 잘 적응할 수 있습니다. 예를 들면 인간의 뇌는 불완전하게 발전한 것이 아니다, 이런 실수 다음에 인간은 스스로 오류를 교정하고 똑같은 실수를 범하지 않았기 때문에 지금까지 진보해 온 것이 아니냐고 역으로 비판할 수 있습니다. 2차 세계대전에서 대량 살상 무기의 공포을 느낀 인류는 결국 자신들의 오류(우생학, 제국주의, 파시즘) 등을 교정해 끔찍한 3차 세계대전을 일으키지 않은 것이 그 결정적 증거입니다. 실수는 인간의 타고난 한계가 아니라 더 발전하기 위해서 필요한 과정이라고 주장할 수 있습니다.

여담이지만 심리학 역사상 최고의 천재라는 평가를 받는 아모스는 죽으면서 자신의 아들에게 이런 말을 남겼다고 하지요.

"삶은 책이야. 그것도 정말 좋은 책이었어."

책은 삶입니다. 수능 국어는 삶에서 거쳐야 할 하나의 관문이고요. 이 세상 모든 질문의 해답이 책에 있듯이 수능 국어의 해답도 당연히 책 속에 있습니다.

구체적 사례를 생각하며 읽어라

사고력의 완성이라 볼 수 있는 창의성을 수능 국어에서도 당연히 평가합니다.

1. 우리 주변에서 볼 수 있는 기기를 예로 들어 ㉠을 설명하려고 할 때,
   적절하지 않은 것은?
2. 〈보기〉를 참고할 때, [A]에 대한 이해로 적절하지 않은 것은?

1번 문제는 다른 상황에 적용하는 문제이고 2번 문제 역시 구체적 상황에 적용하는 문제입니다. 보기까지 주어져 창의적 사고 외에 추론적 사고를 같이 활용해야 합니다.

구체적 사례를 생각하며 책을 읽는 방법은 창의적 사고 문제를 대비하는 데 도움이 됩니다. 개념이 나오면 사례를 보는 식으로 독서 습관을 들이면 이런 형태의 문제에 능동적으로 대처할 수 있습니다.

예를 들면 호프스태터는 《사고의 본질》에서 창의성을 '처음에는 놀랍지만 사후에는 현저한 타당성을 지니는 특정한 결정적 도약을 하는 능력의 원천 중 하나'라고 주장합니다. 이렇게 생각하며 이 대목을 읽어보죠. '처음에는 놀랍지만 지나고 나면 타당하다고 생각되는 것이 창의성이구나. 그 후에 질적인 도약이 발생하는 것이라면 내 주변에서 그런 사례들을 찾아봐야겠다. 이런 사고의 과정 자체가 창의력을 키우는 훈련이 되는구나.' 이런 사고패턴이 구체적 상황에 적용하기 유형의 문제에 대한 평소 독서 연습이 됩니다.

창의성 사례에 관해서는 좋은 논술 문제가 있습니다. 예전에 서울대가 정시에서 논술 시험을 출제했을 때 제시문을 참조해 창의성을 정의하고 창의성의 사례를 제시문 외에서 찾아서 들라고 했습니다. 합격

한 한 학생은 다음과 같이 썼습니다.

창의적 사고란 제시문에서 언급한 바와 같이 지성이라는 토양에서 상상력이 뛰노는 것이라 할 수 있다. 그 이유는 지성만 있다면 사고가 경직되고 상상력만 있다면 현실성을 잃기 때문이다. 그러나 상상력이 뛰논다는 표현은 너무 모호하므로 보완할 필요가 있다. 하틀리(오존층의 존재를 관측과 실험 자료의 분석과 그를 토대로 한 추론을 통해 발견한 호주의 천체 물리학자)와 베살리우스(16세기 네덜란드 의사로 현대 해부학의 창시자로 인정된다)의 공통점은 사고의 방향 전환이 도전적이고 유연했다는 점이다. 반대 방향으로 생각을 전환하는 일도 자유롭고 혁신적이다. 따라서 창의적 사고를 좀 더 명확하게 정의하자면 지성의 토양에서 상상력이 유희하되 통찰력을 통해 정반대 방향의 유연성도 보여 줄 수 있는 사고라 할 수 있다.

과학 외의 영역에서 이런 창의적 사고가 나타난 사례를 논한다면 일본의 정치가이자 군인인 오다 노부나가를 들 수 있다. 그는 세계 최초로 화승총 연사방식을 창안한 사람이다. 그가 개발한 이 연사방식은 지성, 상상력, 유연성 면에서 창의적 사고에 부합한다 볼 수 있다.

그가 있던 당시의 전투는 총이 비록 보급되어 있긴 했으나 칼과 창, 활이 주를 이루었다. 그 이유는 화승총이 파괴력도 좋지 않고 연사 시간이 2~3분씩 걸리며 날씨가 나쁘면 사용하지 못했기 때문이다. 그러나 오다 노부나가의 군사적 지식, 지성은 총의 결정적인 단점이 연사 속도라는 점을 꿰뚫었다. 또한 그는 다른 이들과는 달리 유연한 사고를 발휘해 화승총이 절도있는 운영에 활용되면 파괴력을 극대화할 수 있을 것이라고 생각했다. 그의 상상력은 횡대식 연사방식을 생각해 내게 했으며 이 세 가지 요소를 종합한 그는 결국 화승총 활용의 강력한 전술을 창안하였다. 이를 통해 그는 당대로서는 세계 최강이라 할 수 있는 군대를 이끌고 일본을 통일하는 발판을 마련할 수 있었다.

맞습니다. 일본이 화승총을 수입해서 천하통일을 이루고 이웃 나라인 우리나라를 침략해서 국토를 유린할 때 가장 공포의 무기는 오다 노부나가의 화승총과 활용 전략이었습니다. 도요토미 히데요시는 오다 노부나가의 부하로서 그의 전략을 고스란히 사용했죠. 이 학생은 오다 노부나가의 화승총 사례가 어떻게 생각났을까요? 바로 책입니다. 책을 읽었기 때문에 사례를 떠올릴 수가 있었죠. 이 학생에게 물었더니 이어령 선생의 《디지로그》를 읽고 인상이 깊어서 기억했는데 이 질문이 나오자 바로 이거다라고 생각하며 자신 있게 썼다고 합니다. 그 결과 합격의 영예를 누렸죠. 이 학생은 창의성도 잘 정의했습니다. 반대 방향, 즉 틀을 벗어나 생각하되 지성이라는 토대를 무시해서는 안 된다고 말입니다. 추상적 정의와 구체적 사례를 통합적으로 사고한 결과로 보입니다.

이런 문제에 잘 대응하려면 창의성의 메카니즘을 잘 알고 있어야 합니다. 그다음, 책을 많이 읽으면서 좋은 사례들을 많이 기억하는 것이 좋습니다. 특별히 창의성을 키워 주는 책이 따로 있는 것이 아니라 대부분의 책들은 창의적 내용과 문제 해결 사례로 가득 차 있습니다. 양서를 많이 읽는 것이 가장 좋은 대비책입니다. 책을 읽으면서 창의적인 문제 해결의 사례들을 모아서 창의성 노트를 만들어 보는 것도 좋은 방법입니다. 논술 시험에서 창의적으로 문제 해결 방법을 쓰는 문제, 수능 국어 화법과 작문에서 글 고쳐 쓰기 문제에도 효과적으로 대응할 수 있게 됩니다.

2022년부터 미디어 리터러시가 핵심

2019학년도에 도입된 2015 개정 교육과정에서는 국어 과목에 새로운 과목이 신설됩니다. 고등학교 2학년에 올라가면 화법과 작문 그리고 언어와 매체라는 과목 중에서 하나를 선택하도록 되어 있습니다. 이과 학생은 대부분 언어와 매체를 선택하고 문과 학생들도 상당수가 언어와 매체를 선택하는 경우가 많아 언어와 매체가 독서, 문학과 함께 국어의 3대 영역을 이룰 가능성이 높아졌습니다. 참고로 2022학년도 수능부터는 언어와 매체도 출제 범위에 포함됩니다. 화법과 작문과 언어와 매체 중 하나를 선택해야 하니 2014~2016년처럼 문·이과 수능으로 나뉘었듯이 두 개의 수능이 출제되는 셈입니다. 그때는 A형과 B형이 다른 문제를 풀었는데 22학년도 수능은 그렇지는 않습니다. 75%는 같은 문제를 공통으로 풀고 나머지 25%의 문제가 달라집니다. 이제 고1 이하 학부모님들은 매체 언어도 신경을 써야 합니다. 매체 언어는 신문, TV와 영화, 게임, SNS 등에서 사용되는 언어를 말합니다. 이들 언어를 어떻게 효과적으로 구사할지에 대해서 배운다고 생각하면 됩니다. 언어와 매체 교과서는 어떻게 구성되어 있을까요? 목차를 살펴보면, 다음과 같습니다.

(2) 매체 자료의 생산

2 매체와 사회

(1) 매체 언어와 인간관계

(2) 대중 매체와 대중문화

IV 생활 속 언어와 매체

1 국어와 삶

(1) 국어의 규범

(2) 국어 생활의 성찰

2 매체와 삶

(1) 매체 언어생활의 성찰

(2) 매체 문화의 발전

국어의 위상과 실상 부분이 나옵니다. 기존 국어에서 문법 부분에 해당하는 내용입니다. 대중 매체와 대중 문화가 있으니 그동안 수능에서 다루지 않았던 여러 대중 문화 요소(드라마, 게임, 광고 등)들이 수능 문제로 출제될 것 같습니다. 물론 사회문화 같은 사탐 과목에서 다루는 것과는 다른 언어적 접근입니다. 영화를 다루는 게 아니라 영화의 언어인 시나리오를 다루고 드라마를 다루는 게 아니라 드라마의 언어인 드라마 대본을 다루는 것입니다. 독립 교과는 이번이 처음이지만 2007년 교육과정부터 매체 언어는 국어교육 속에 포함되어 있었습니다.

[중 1-3학년군]

〈듣기 말하기〉

(4) 담화에 나타난 설득의 전략을 파악하고 평가한다.

(9) 사회적으로 의미가 있는 내용을 매체 자료로 구성하여 발표한다.

(12) 폭력적인 언어 사용의 문제를 인식하고, 바람직한 언어표현으로 순화하여 말한다.

〈읽기〉

(2) 글이나 매체에 제시된 다양한 자료의 효과와 적절성을 평가하며 읽는다.

〈쓰기〉

(8) 영상 언어의 특성을 살려 영상으로 이야기를 구성한다.

(9) 매체의 특성이 쓰기의 내용과 형식에 미치는 영향을 고려하여 글을 효과적으로 쓴다.

[고등 선택]

〈국어Ⅱ - 작문〉

(3) 매체 자료의 유형과 기능을 이해하고, 매체 자료를 효과적으로 활용하여 정보를 전달한다.

〈국어Ⅱ - 독서〉

(6) 다양한 매체 자료를 비판적으로 분석하고 평가하며 읽는다.

〈국어Ⅱ - 작문〉

(9) 글의 전달과 사회적 파급력과 연관된 매체의 효과와 특성을 고려
하여 내용을 선정하고 조직하여 책임감 있게 인터넷상의 글쓰기
를 한다.

〈화법과 작문〉

(7) 다양한 매체 자료를 효과적으로 활용하여 청자의 이해를 돕도록 내
용을 구성한다.

(8) 시각 자료를 해석하여 핵심 정보로 내용을 구성하여 발표한다.

〈독서와 문법〉

(31) 다매체 사회에서 인터넷 등 다양한 경로를 통해 독서에 관한 정보
를 얻고 활용한다.

〈문학〉

(3) 다양한 매체로 구현된 작품의 창의적 표현 방식과 심미적 가치를 문
학적 관점에서 이해하고 수용한다.

매체 언어라 했지만 일상에서 사용되는 언어들도 포함됩니다. 일상
에서 폭력적인 대화를 하지 않는 것이 중학교 매체 교육의 목표였습니
다. 고등학교는 사회적 파급력이 큰 인터넷에 어떻게 글을 올려야 하는
지, 영화, 드라마 같은 시각 자료를 어떻게 해석해야 하는지, 책 외에 다
른 창의적 표현 수단의 예술적 가치에 대해서 이해하기 등을 다루었습

니다. 부분적으로 했던 것을 전면적으로 넓히는 단계라고 이해하면 됩니다.

지금까지 작문이나 독서 시간에 편재되어 있던 매체 언어가 독립적인 교과 형태로 수능 과목에 포함된다는 사실은 커다란 변화가 아닐 수 없습니다. 학부모는 학생들이 평소 즐겨 사용하는 매체에 관심을 갖고 분석적으로 텍스트를 읽도록 도와줘야 합니다. 미디어 리터러시(미디어를 읽고 쓸 수 있는 능력)는 미디어가 거의 인간사의 모든 것을 장악한 지금 시점에서는 너무나 중요한 능력이기 때문입니다. 미디어 리터러시는 참고로 유은혜 현 교육부 장관이 특히 강조하는 역량입니다. 그분은 국회의원 자격으로 2018년에 미디어 리터러시 교육을 강화해야 한다는 법을 발의하기도 했습니다. 갈수록 가짜 뉴스가 늘고 있는 상황에서 정확하게 사실과 사실이 아닌 것을 구분하고, 그 사실 중에서 자신에게 이로운 사실을 빨리 받아들일 수 있는 능력은 4차 산업혁명 시대와 함께 열리는 지능정보사회에서 살아남는 능력이 될 것입니다. 이제 이 능력은 선택이 아닌 필수입니다. 신문 기사나 방송 뉴스, 인터넷 뉴스만이 미디어 리터러시 능력을 키우는 것은 아닙니다. 좋은 영화나 TV, 드라마, 뮤지컬 같은 공연도 열심히 본다면 미디어 리터러시를 키우는 데 큰 도움이 됩니다.

수능 국어에 최적화된 독서법

독서법에는 정독, 숙독, 속독, 발췌독, 묵독, 낭독, 음독, 윤독 등 다양한 방법이 있습니다. 어떻게 읽느냐는 어떤 책을 읽으냐만큼이나 중요합니다. 상황에 따라 책에 따라 다른 독서법이 적용되어야 하지만 기본적으로 어떤 독서법이 수능 국어 지문 읽기에 가장 도움이 될까요?

수능 시험을 볼 때 중요한 것이 시간 조절입니다. 어려운 지문은 통독으로 먼저 대강의 난이도와 방향을 잡은 뒤에 정독이나 숙독으로 들어가야 합니다. 쉬운 지문부터 먼저 읽고 가장 어려운 지문을 마지막으로 돌려야 합니다. 그래야 심리적으로 압박을 덜 받습니다. 통독은 미리 대충 훑어보는 것입니다. 가볍게 읽기죠. 권투로 치면 스파링에 해당합니다. 어려운 지문, 과학 지문, 융복합 지문이 나올 때 본격 문제 풀기에 들어가기에 앞서 대강 훑어보면서 문제가 얼마나 어려울지, 얼마나 시간이 걸릴지 등을 짐작하는 과정이 필요합니다.

이론적으로는 글의 뜻을 하나하나 음미하면서 읽어가는 숙독이 가장 좋은 읽기법이지만 숙독은 시간이 많이 걸립니다. 평소 모의고사에서 자신이 틀렸던, 혹은 제대로 이해하지 못하고 문제를 풀었던 지문을 다시 읽을 때는 요긴한 방법입니다만, 독해 속도가 아주 빠른 소수의 학생들 외에는 시험 당일에는 위험할 수가 있습니다.

그러나 숙독이 필요한 학생들도 있습니다. 등급이 원천적으로 낮은 학생들, 어렸을 때부터 책을 많이 안 읽어 자신의 독해력이 평균보다도 많이 떨어진다고 생각하는 학생들일수록 장기전이라고 생각하고 평소 숙독하는 습관을 들여야만 합니다. 단 한권의 책을 읽더라도 숙독을 통해 제대로 읽어낸 경험이 중요합니다. 이러한 경험이 수능에 맞는 독서법을 체화시켜 줍니다. 수능 국어 등급이 낮은 학생은 어휘력이 부족해 마치 국어 지문이 영어 지문처럼 느껴지는 경우가 많습니다. 이런 학생들은 일단 비문학부터 시작해서 어휘력을 끌어

올려야 합니다. 그럴 때 가장 좋은 책들은 사회과학적 지식들을 역사라는 그릇에 담아 전달하는 분량이 두꺼운 책입니다. 지구과학을 중심으로 물리, 생물, 화학 등 과학의 전방위 지식들을 총체적으로 다루는 빌 브라이슨의 《거의 모든 것의 역사》 같은 책이 좋은 텍스트입니다.

반면 가장 위험한 읽기 방법은 발췌독입니다. 키워드 중심으로 건너 읽기는 내가 이미 알고 있는 분야의 읽기인 기지 읽기에는 도움이 되지만, 낯선 분야의 지식을 읽어야 하는 미지 읽기에는 독이 되기 때문입니다. 그리고 수능처럼 지문과 보기 답지에 함정을 파놓고 수험생들이 빠지기를 기대하는 시험에는 발췌독이 정말 위험할 수 있습니다. 대충 읽고 이해했다가는 출제자들이 파놓은 덫에 걸리기 십상입니다. 수능 국어에서 발췌독이 필요할 때는 시험의 후반부에 시간이 부족해서 지문을 모두 읽고 문제를 풀기 어려운 순간입니다. 그럴 때는 어쩔 수 없이 문제부터 읽고 문제에서 키워드를 찾아낸 뒤 그 단어들 중심으로 키워드가 들어 있는 문장과 그 주변 문장들만 읽는 방법이 있습니다만 평소 연습할 때는 발췌독이 그다지 도움이 되지 않습니다. 발췌독이 수능 국어 읽기에서 필요한 순간은 수능 국어 기출이나 모의고사 EBS 지문을 먼저 풀어 본 뒤 관련 내용이 실려 있는 다른 비문학 도서로 확장 독서를 시작할 때입니다. 그때는 지문에서 소개된 개념과 이론이 나와 있는 부분만 골라 읽기를 하는 발췌독이 필요합니다. 이때는 발췌독이라는 표현보다 선택적 독서라는 말이 더 적합합니다.

속독은 빨리 읽기로 부정적으로 생각하는 분들이 많습니다. 그런데 현재처럼 지문이 길어진 수능 국어 시험에서는 필요한 역량입니다. 문제는 대부분의 학생들이 빨리 읽으면 정확성이 떨어지기 마련입니다. 빨리 읽으면서 정확성을 높이려면 속독 학원을 이용하거나 온라인 독해력 훈련 프로그램을 이용하는 방법이 있습니다. 내가 속독 훈련이 필요한지 아닌지 판단하기 위한 방법은 지문을 읽고 문제를 풀 때마다 지문 읽는 시간과 문제 푸는 시간을 기록하면서 속도에 대한 감을 익혀 가는 겁니다. 집에서 모의고사를 풀 때 처음부터 80분 안에 모든 지문과 문제를 푼다는 생각을 하지 말고 충분한 시간을 갖고 풀어 본 뒤 걸린 시간을 측정하는 겁니다. 예를 들어 정답률 90% 이상으로 답을 맞히는 지점이 110분 정도 걸리는 학생이라면 이 학생은 1등급 학생보다 30분 정도의 시간이 더 걸리는 학생으로서 속독 훈련이 어느 정도 필요한 경우이지요. 문제는 시간을 더 갖고 푸는 데도 정답을 맞히는 경우가 별로 늘어나지 않는다면 이 학생은 속도의 문제 때문에 수능 국어를 못 하는 게 아니라 다른 이유가 있을 가능성이 높습니다.

이런 학생이라면 읽기 방법에서 속독과 발췌독, 숙독 등이 다 부담이 됩니다. 책 내용을 하나하나 이해하면서 읽는 정독이 가장 좋은 방법이지요. 정독을 할 때는 내가 뜻을 제대로 이해하고 페이지를 넘기는지 아닌지를 확인하기 위해서 낭독의 도움을 받을 필요가 있습니다. 물론 집에서 연습할 때 필요한 방법입니다. 어려운 지점이나 어려운 문제와 연관된 지점의 지문을 읽을 때는 소리 내어서 읽어 보는 겁니다. 그러면서 자신에게 이 내용이 무엇인지 설명해 보는 식으로 낭독을 이어 갑니다. 틀렸으면 틀린 이유를 자신에게 납득시킵니다. 자연스럽게 자신이 자신을 가르치는 자기 멘토링이 됩니다. 평균 기억률만 놓고 볼 때 인간의 뇌는 가르치기라는 참여적 학습 방법이 가장 효과적입니다. 무려 90%를 기억한다고 합니다.

음독과 윤독은 소리 내어 읽기인데 음독이 혼자 읽기라면 윤독은 여러 명이 소리 내어 돌아가면서 읽는 방법입니다. 앞에서 살펴 본 낭독도 소리 내어 읽기인데 낭독은 음독보다 큰 소리를 내어 읽는다는 차이점이 있습니다. 수능 국어를 공부할 때는 윤독이 그다지 필요하지 않을 것 같습니다. 그러나 스터디를 할 때는 윤독이 필요할 때가 있습니다. 앞서 살펴본 수능 국어에 필요한 언어 사고력을 키워주는 책들을 함께 읽을 때 각자 맡은 파트를 정해 놓고 돌아가면서 읽도록 하는 것이 윤독의 효과입니다. 자기가 맡은 파트에서 친구들이 질문을 하도록 하고, 자신도 다른 학생이 읽을 파트에 대해서 질문하는 식으로 진행한다면 더욱 효과가 있습니다. 결국 학생들이 비문학 지문 독서를 하면서 문제를 스스로 만들어 가는 훈련이 됩니다.

묵독은 소리 내지 않고 눈과 머리로 읽는 것입니다 수능 국어 읽기에는 가장 자주 동원되는 독서법입니다. 눈으로 읽을 때는 글이 문장 단위로 들어오지만 머리로 읽을 때는 자연스럽게 의미 단위로 뇌에 꽂힙니다. 그때 묵독은 묵상의 단계까지 격상될 수 있습니다. 생각과 읽기가 동시에 진행되는 거지요. 세계적인 교육 평론가 이반 일리치는 《텍스트의 포도밭》이란 책에서 "공부의 시작은 읽기에 있지만 그 절정에는 묵상이 있다"고 말한 바 있습니다. 이 단계에 이르면 자연스럽게 수능 국어 1등급의 경지에 오를 수 있습니다.

2022학년도부터 수능 국어의 선택 과목인 언어와 매체가 아직 예시 문항조차 공개된 적이 없어 예측하기 힘들지만 결국은 미디어 리터러시 능력을 물어볼 수밖에 없다고 생각합니다. 미디어 리터러시는 미디어를 읽고 쓰는 능력입니다. 이때 가장 중요한 것은 사실 확인 능력, 이른바 가짜 뉴스를 골라내는 능력입니다. 이를 바꿔 말하면 사실 충실성이라고 할 수 있습니다.

《팩트풀니스》(김영사)는 미디어 리터러시와 비판적 사고력 등 고난도 언어 능력을 키우는 데 아주 좋은 텍스트입니다. 강력한 사실을 바탕으로 세상을 정확하게 바라보는 방법을 담고 있습니다. 저자인 한스 로슬링은 스웨덴의 의사이자 통계학자로 유엔 및 국제기구에서 보건 의료 일을 오래했습니다. TED(테드) 강의에서 최고의 인기를 얻은 터라 국내에서 출간되자마자 베트스셀러를 기록했습니다. 이 책은 서울대 지원자들이 가장 많이 읽는 책《왜 세계의 절반은 굶주리는가》라는 책에 대한 반론이라고 할 수 있습니다. 장 지글러의 이 책은 내용이 좋지만 자칫하면 세계의 양극화가 갈수록 심해지고 있으며 세계는 잘 사는 선진국과 못 사는 개발도상국으로 나뉘어 후자는 절대적 가난에 시달리는 것처럼 제목을 지었지요. 예전에는 물론 그랬습니다만 지금은 절대적 가난이 사라졌습니다. 70억 인구 중에서 10억 인구가 절대적인 빈곤 기아 상태에 놓여 있으니까 '왜 세계의 7분의 1은 굶주리는가'로 제목을 바꿔야하겠지요. 그에 따르면 인터넷에서 누구나 구할 수 있는 통계 자료만 봐도 세상은 좋아지고 인류는 가난과 질병으로부터 벗어나고 있음을 알 수 있는데 사람들은 선입견 때문인지 세상이 갈수록 나빠지고 빈부 격차가 심해진다고 생각합니다. 그 생각의 오류들을 낱낱이 밝혀 주는 책으로 읽고 나면 세상을 보는 또 하나의 관점(마치 그동안 정말 많은 사람들이 가짜 뉴스에 속았다는 느낌을 줍니다)을 얻게 됩니다.

가장 많은 사람들이 잘못 알고 있는 사실은 다음과 같은 문제들입니다. 3지 선다 문제에서 전 세계 1세 아동 중 예방 접종을 받은 비율은 몇 퍼센트인지를 묻는 질문에 13%만이 정답(80%)을 맞혔습니다. 대부분 20%와 50%를 골랐습니다. 침팬지가 풀어도 33%는 나오는 문제인데 인간들은 그보다 못한 점수를 받은 거죠. 심지어 노벨 생리의학상 수상자들도 틀린 보기를 고르는 경향이 침팬지보다 높았습니다. 가장 심각한 착각은 지난 20년간 세계 인구 중에서 극빈층 비율은 어찌 되었다고 생각하는지를 묻는 질문 중 7%만이 정답(절반으로 줄었다)을 맞혔답니다. 언론 탓일까요? 지구인들은 선진국이든 개발도상국이든 상관없이 인류의 삶과 미래에 대해서 비관적이고 부정적입니다. 그것이 팩트에 기반한 거라면 문제 없겠지만 팩트에 충실하지 않는다는 게 문제입니다. 저자는 이런 착각을 하는 이유들을 논리적으로, 과학적으로 분석합니다. 그래서 사실 충실성 외에 비판적 사고를 기르는 데도 도움이 됩니다.

이 책을 읽으면 내가 세상을 바라보는 관점과 세계관 그리고 범주가 올바른지에 대해 한번쯤 다시 생각하게 되는 효과가 있습니다. 수능 국어에서 오답을 고를 때 가장 많은 학생들이 저지르는 실수가 자신의 관점과 범주에서 생각하다 출제자의 의도나 관점을 놓치는 경우입니다. 이런 객관적인 책이 그런 실수와 오류를 잡아주는 데 적잖은 도움을 줄 수 있습니다. 이 책을 읽으면 세상이 잘못됐다고 비판하기 전에 내가 갖고 있는 세계관과 범주가 옳은지부터 질문하는 버릇을 들이게 됩니다.

철저하게 사실에 의거해 비판하는 자세는 수능 국어 시험처럼 냉정하고 객관적인 사고를 유지해야 할 때 참으로 중요한 자세입니다. 그는 세계가 발전하고 앞으로 나아가는 이유를 뭔가 하나의 원인으로 제시하지 않습니다. 그것은 민주주의 덕분만도 아니고 GDP의 성장 덕분인 것만도 아니고 유아 사망률의 감소 때문만도 아닙니다. 그는 세상 그 어떤 것도 단일한 척도가 될 수 없다고 주장합니다. "한 국가의 발전을 측정하는 단일한 척도는 없다. 현실은 그렇게 단순하지 않다."고 말합니다.

이 책을 언어와 매체를 넘어 수능 국어 전체에 적용해 보면, 낯선 지문을 읽을 때 내가 이미 알고 있는 배경지식을 활용하는 것은 상관없지만 어떤 특정 관점과 세계관에 집착해 지문을 보면 오류와 실수를 저지를 수 있습니다. 《팩트풀니스》를 읽고 나면 부정적이고 극적인 것을 선호하는 인간의 본성이 편견과 선입견을 불러오는 것은 아닌지를 반성하게 됩니다.

내신 성적 올리는 교과 독서

교과서부터 제대로 읽는 법

교과서를 보면 그림과 도표 등 시각 자료를 많이 활용하지만 실제 기술은 매우 딱딱한 편입니다. 특히 고학년으로 올라갈수록 어려워집니다.

교과서 읽기는 너무나 중요합니다. 교과서 읽기가 안 되는데 개념 독서, 교과 연계 독서, 진로 독서가 가능할 리 없습니다. 교과서 제대로 읽기는 기본 중의 기본입니다.

《언어와 매체》(미래엔)를 보면 1단원이 언어와 국어로 한 페이지를 통째로 질문으로 대신하고 있습니다. '언어가 없다면 인간의 삶이 어떻게 달라질까?' 바뀐 교과서들은 이렇게 질문으로 시작합니다. 저는 개정 교과서 읽기에는 3장에서 소개한 읽기 쓰기 통합 학습법이 필요하다고 생각합니다. 당연히 학생들은 수업하기 전에 예습 차원에서 이 질문에 대한 답을 써보는 게 좋습니다. 일단 생각해 보고 수업에 임할 수 있어 수업시간이 더욱 흥미롭습니다. 본문은 발견하기로 시작해서 탐구하기로 완성됩니다. 발견하기는, 예를 들어 인간의 언어와 동물의 언어가 어떤 차이가 있는지 생각해 보는 겁니다. 학생들의 배경지식을 활성화하고 기지 읽기를 활용해 미지 읽기로 들어가는 전략입니다. 활동은 객관식 문제 풀이 코너가 있습니다. 대부분 생각해 보기, 말해 보기에 대한 것입니다. 그만큼 자신의 생각과 견해를 논리적으로 표현하는 능력이 중요해졌습니다. 여전히 객관식 5지 선다 수능 시험이 입시의 대세로 자리 잡고 있지만 교과서는 미래지향적으로, 표현 지향적으로 바뀌었습니다. 본문을 한번 읽어볼까요? 언어와 문화에 대해 교과서는 이렇게 설명하고 있습니다.

"언어는 그 언어를 사용하는 사람들의 삶과 정신, 곧 문화를 반영한다. 나라마다 형제, 자매 사이를 나타내는 어휘 양상을 살펴보면, 우리말은 성별과 손위, 손아래뿐 아니라 부르는 사람의 성별도 구분하여 8개 이상의 어휘로 나타낸다. 영어는 성별만을 구분하여 2개의 어휘로 나타낸다. 말레이어는 구분 없이 1개의 어휘로만 나타낸다. 이는 남녀와 상하 관계를 더 뚜렷이 구분하여 격식을 차리는 우리 문화를 반영한 것으로 볼 수 있다."

국어 교과서는 이런 식으로 기술됩니다. 먼저 정의와 주장이 나옵니다. 그다음부터가 근거 문장입니다. 국어 교과서니까 당연히 우리의 사례가 나오고, 비교와 대조를 위해 외국의 사례로 영어와 말레이어가 등장합니다. 사례, 예시, 비유 등이 다 끝난 다음에 다시 최종 결론을 내립니다. 굉장히 논리적으로 쓰였습니다. 주장을 하고, 예시나 비교로 근거를 들고, 최종 결론이 나옵니다. 처음 주장과 비교해서 결론이 어떻게 강화되었는지 점검해 보면 구조적 독해, 논리적 독해가 자연스럽게 형성됩니다. 교과서만 잘 읽고 하라는 대로 따라 하면 자연스럽게 대학 논술과 구술 면접 시험 대비도 되는 셈이지요.

이번에는 고등학교 1학년 《통합 사회》(동아출판) 교과서를 살펴볼까요.

파트 1은 삶의 이해와 환경으로 그중에서 1단원은 인간, 사회, 환경과 행복입니다. 사회는 인간을 포함하고 그 사회는 환경에 포함됩니다. 사회라고 해서 사회만 다루는 것이 아니지요. 그리고 의미 있는 단어가 나옵니다. 행복입니다. 사회 교과가 추구하는 목표가 사회 구성원들의 행복이라는 점을 처음부터 보여 줍니다. 통합 사회 교과서는 국어과 교과서보다 더 시각적입니다. 만화가 주제 탐색으로 제시됩니다. 통합적 관점에 대한 이해를 학생들이 처음 배우는데 내용과 개념을 배우면서 생각거리도 같이 제공됩니다. 통합적 관점, 시간적 관점, 공간적 관점, 사회적 관점, 윤리적 관점 등 5개의 개념어들이 등장합니다. 개념 중심의 읽기가 필요한 순간이죠. 그리고 페이지 옆에는 개념과 현실을 짝짓기하는 연습 문제가 실려 있습니다. 공부할 때 개념만 이해하는 게 아니라 개념을 현실에 적용하면서 공부하게 합니다. 통합 사회 교과서를 읽는 것이 사회 과목 내신 성적만 상승시키는 게 아니라 수능 국어 공부에도 도움이 된다는 사실을 깨달을 수 있습니다.

《통합 사회》는 통합적 관점의 필요성에 대해서 어떻게 설명하고 있을까요?

"같은 사회 현상도 시대와 장소에 따라 다르게 해석되기도 하고, 사회구조나 그 사회가 추구하는 가치에 따라 받아들이는 정도가 다를 수 있다. 비둘기 문제를 예로 들면, 한때 평화의 상징이었던 비둘기는 현대 도심에서 각종 문제를 일으키는 골칫거리가 되었다. 비둘기를 그저 평화의 상징으로만 여기고 이 문제를 방치한다면 비둘기로 인한 피해가 커질 수 있다. 그렇다고 비둘기를 유해 동물로만 여겨 무조건 퇴치하려고 한다면 도시 생태계가 변화하여 또 다른 피해가 발생할지도 모른다.

이러한 문제가 발생했을 때에는 발생 경과, 지역적 특성, 관련 정책이나 제도, 그 사회가 추구하는 가치 등을 함께 고려하여 문제 해결에 나서야 한다. 즉 통합적 관점에서 문제를 관찰하고 분석할 때, 제대로 된 해결책을 얻을 수 있다."

우리 사회는 비둘기를 어떻게 해야 할까요? 역시 정답이 딱 떨어지는 문제는 아니지요. 사회 현상과 사회 문제들이 이렇습니다. 결국 문제 해결이 관건인데 그렇게 되기 위해서는 통합적 관점이 필요하다고 말합니다. 비둘기가 등장한 것은 역시 사례일 뿐 궁극적으로 사회 교과서가 말하고 싶은 것은 통합적 관점의 필요성입니다. 누군가가 달을 보라고 손가락을 가리킨다면 손가락을 봐야 하는 것이 아니라 손끝이 가리키는 방향, 즉 여기서는 비둘기가 아니라 통합적 관점을 응시해야죠. 즉 개념 중심의 읽기가 본문에서도 필요함을 알 수 있습니다.

과학 교과서는 어떨까요? 미래엔에서 출간된 고등학교 《통합 과학》

교과서를 살펴보겠습니다.

《통합 과학》역시 질문으로 시작합니다. 그러나 그 질문이 국어나 사회 과목처럼 상식으로 답할 수 있는 성질이 아닙니다. 어떤 질문일까요? 국어 교과서나 사회 교과서보다 질문도 깁니다.

"먹음직스러운 사과파이를 만들기 위해서는 사과, 밀가루, 설탕, 버터 등의 재료가 필요하다. 그런데 천문학자 칼 세이건은 자신의 책에서 '만약 당신이 아무것도 없는 상태에서 사과파이를 만들려고 한다면 먼저 우주를 만들어야 한다. 사과파이를 만들기 위해 우주가 필요하다고 말한 까닭은 무엇일까?"

제 책에 자주 등장하는 칼 세이건이 역시 《통합 과학》 교과서의 시작을 엽니다. 물리학자이면서 생물학자이기도 하고 화학에도 능했고 인문학에도 강점이 있었던 그는 통합 과학의 아이콘으로 딱이지요.

이 질문에는 두 가지 활동이 이어집니다. 사고력 키우는 훈련과 의사소통능력을 키우는 활동입니다. 전자는 원소의 탄생과 우주의 역사를 알면 쉽게 답할 수 있는 문제지만 후자는 칼 세이건의 제안에 따라 아무것도 없는 상태에서 사과파이를 만드는 레시피를 만들어야 합니다. 상상력이 필요하고, 혼자만의 힘으로는 안 되니까 친구들과 협의하고 때로는 실험도 해 보는 과정이 필요합니다. 《통합 과학》 교과서는 읽기와 함께 활동이 반드시 연결되어야 다음 단원으로 넘어가도록 구성되어 있습니다. 자연계 학문의 특성상 이론과 지식으로만 접해서는 안 되고 실증과 검증의 과정을 반드시 거쳐야 하기 때문입니다. 통합 과학을 공부하기 위해서는 교과서는 필수고 관련 자료들을 인터넷이나 도서관 등지에서 수시로 찾아볼 수 있는 자세 또한 필요합니다.

통합 과학을 잘하려면 교과서 읽기만으로는 부족하고, 활동까지 잘 마무리해야 높은 점수를 받을 수 있습니다.

탐구 과목뿐 아니라 국어 과목까지 탐구 중심으로 바뀌면서 독서와 자신의 경험 활동이 연결되는 과정이 무엇보다 중요해지고 읽기를 기반으로 한 활동들이 학교 내신 평가에도 가장 도움이 되는 방법이라는 것을 알 수 있습니다.

교과 독서의 읽기는 학생들이 사용하는 과목별 노트와 연계해서 정리하는 방법도 추천할 만합니다. 공책을 절반으로 접어 왼쪽에는 교과 수업 시간에 선생님 내용을 메모하면서 궁금한 내용, 자신이 이해하지 못한 내용을 질문 형태로 쓰고, 오른쪽에는 과목별 교과 연계 독서에서 그 내용을 찾아 답을 문장 형식으로 정리하면 학교에서 치르는 서술형 평가나 수행 평가에서 고득점을 올리는 지름길이 될 수 있습니다.

2019년 대구교육청과 제주교육청에서 IB(국제 바칼로레아 시험) 도입을 결정했습니다. 국제 바칼로레아 시험은 모든 학교 평가를 주관식, 서술형, 논술형으로 진행합니다. 최종 학년에서 치르는 국가 시험도 학교에서 치렀던 시험과 똑같은 형식으로 출제됩니다. 일종의 과목별 논술 시험이지요. 아직 국가 단위 시험인 수능에서는 IB의 도입이 논의되지 않지만 지방 교육청 차원에서는 얼마든지 도입이 가능합니다. 제주도와 대구시 외에 다른 지역으로 확산 가능성도 큽니다. IB 시험의 가장 좋은 대비책은 평소에 학교 수업 노트를 작성할 때 선생님 말씀을 깨알처럼 받아 적는 수준에서 그치는 것이 아니라 창의적인 교과 연계 독서 노트를 만들어야 합니다. 저학년일 때부터 교과서 내용 분석, 수업 내용 따라가기, 연계 독서를 통해 질문 해결하기까지 3단계로 노트를 나눠 쓰게 하는 훈련을 하면 좋습니다. 입시 제도가 어떻게 변하든 역량만 갖추면 살아남을 수 있습니다.

이탈리아 과학자 페르미의 독서법

1938년도 노벨 물리학상을 수상한 이는 이탈리아의 엔리코 페르미(1901~1954)였습니다. 페르미는 원자번호 92번인 우라늄 다음의 원소를 발견한 공로로 노벨상을 받았지요. 부인이 유대인이었던 페르미는 히틀러에 굴복해 유대인 인종 차별을 시작한 무솔리니 정권을 피해 미국으로 망명을 떠납니다. 노벨 물리학상을 수상한 과학자를 미국이 마다할 리가 없죠. 컬럼비아대학과 시카고대학에서 강연한 그는 노벨 물리학 수상자 제자만 6명을 키워내기도 했습니다. 그가 53세에 전이된 위암 판정을 받아 죽지 않았다면 더 많은 수상자가 배출되었을 겁니다.

당시 물리학은 세계 최고의 나라가 독일이었고 그다음이 영국, 미국 순이었는데, 물리학은커녕 과학 자체의 발전이 더디었던 이탈리아에서 20세기 최고의 핵 물리학자가 탄생할 수 있었던 비결은 무엇일까요? 물론 갈릴레오 갈릴레이, 무선통신을 성공시킨 마르코니, 볼타전지를 개발한 알렉산드로 볼타, 아보가드로수로 유명한 아메데오 아보가드로 같은 불세출의 과학자가 있었지만 모두 19세기 이전 사람들입니다. 이탈리아는 통일(1870)도 늦게 되었고 인문 예술에 비해 과학의 발전이 더디었죠.

놀랍게도 그 방법은 독서였습니다. 페르미는 모든 물리학 지식을 책을 통해서 공부했습니다. 믿기지 않는 이야기죠. 그의 평전을 쓴 지노 세그레의 증언에 따르면 그는 스쿠올라 노르말레 입시(우리로 치면 대학 입시입니다)를 위해서도 오로지 독서로 독학을 했고 대학에 와서도 프랑스어, 영어, 독일어로 된 논문을 읽으며 최신 물리학 연구를 독학으로 커버했습니다. 그가 외국어 회화를 썩 잘하는 것은 아니지만 논문을 읽기 위해 외국어를 배웠습니다. 세그레는 그가 이탈리아 대학 도서관에서 독일어로 된 물리학 저널을 읽을 수 있었던 유일한 인물이라고 말합니다.

그가 책을 읽은 다음에는 읽은 내용을 소화하기 위해 독후 활동을 했습니다. 자신만의 노트를 만들어 핵심 내용과 핵심 방정식을 기록해 두었습니다. 어렵거나 이해가 안 되는 부분이 있으면 또 다른 책과 논문을 찾아가며 궁금증을 해소했습니다. 독서 노트와 별개의 또 다른 한 권의 노트가 있었습니다. 바로 관찰 수첩입니다. 그가 관찰한 지식들을 메모해 놓았습니다. 데이터를 기록하고 현상을 끊임없이 관찰했습니다. 배운 내용을 현실에 적용한 구체적 사례에 해당합니다. 독서와 메모의 긍정적 피드백. 이 습관은 죽는 그 순간까지 이어졌다고 합니다. 학습으로서의 독서가 얼마나 힘이 센지 페르미가 잘 보여 줍니다.

교과 연계 독서가 내신 성적을 끌어올리는 이유

교과 연계 독서는 교과서를 제외한 다른 책을 학교 공부의 연장선상에서 읽는 전략을 말합니다. 학생들이 학교 수업을 더욱더 재미있게 듣고 교과서의 지식들을 살아 있는 지식으로 만드는 것이 교과 연계 독서의 목표이고 교육 효과입니다. 엔리코 페르미는 20세기 초반 이탈리아에서 교과 연계 독서를 스스로 실천한 사람입니다.

21세기 한국에서도 누구나 페르미처럼 될 수 있습니다. 그때보다 좋은 책들이 훨씬 더 많아졌으니 기회가 늘어난 셈입니다. 그런데도 사람들이 교과 연계 독서에 소홀한 이유는 뭘까요? 가장 큰 이유는 공부와 책 읽기가 별개라고 생각하는 편견 때문이 아닐까요.

하지만 많은 교육 전문가들은 말합니다. 학습과 독서를 따로 떼어놓고 말하기 힘들다고. 체계적인 지식의 확보, 기존 지식의 통합과 재구성, 재창조가 교육학에서 정의하는 학습인데 이 모든 과정이 독서와 겹칩니다.

일단 학교 공부를 하면서 학생들은 교과서를 읽습니다. 수업 전에도 읽고 수업 후에도 읽습니다. 시험 보기 전에도 또 읽습니다. 수학처럼 문제를 종이에 푸는 시간 외에 나머지 시간은 학습과 읽기를 분리하기 어렵습니다. 공부하고 시간 나면 독서하는 게 아니라 공부하면서 독서하고 독서하면서 공부합니다.

교과 독서를 흔히 국어 교과에만 해당하는 것으로 생각하는 학부모들도 많습니다. 그러나 국어 시간에 하는 독서는 학습 독서가 아닌 독서 학습인 것입니다. 국어를 제외한 나머지 과목들은 과목 시간에 배우는 내용을 더 자세히 알거나 심화된 지식을 책을 통해 배운다는 점에서 학습 독서라고 부르는 게 맞습니다. 국어 교과 독서 역시 학습 독서가 될 수 있죠.

사실 용어가 중요한 게 아닙니다. 학생들에게 미칠 효과가 더 중요합니다. 교과 연계 독서가 실제 학교 성적을 올리는 데 도움이 되느냐가 중요합니다. 당연히 교과 연계 독서가 학교 내신 성적에 큰 영향을 미칩니다. 그 이유는 크게 3가지입니다.

첫 번째 이유는 본질적인데요, 교과 연계 독서는 학생들이 독립적인 학습 주체로 성장할 수 있도록 돕기 때문입니다. 교과 연계 독서를 실천하는 학생들은 수업 시간에 선생님 말에만 주목하지 않습니다. 한 주제에 대해 선생님의 말씀 더하기 새로운 지식과 정보를 구축합니다. 요즘 고등학교는 물론 중학교에서도 학교에서 배운 내용을 단답형으로 물어보는 경우는 없습니다. 또 수능의 영향 때문에 수업 시간에 배운 내용을 외워서 푸는 문제들이 갈수록 줄어듭니다. 교과 연계 독서를 실천하는 학생들은 변형된 문제, 응용된 문제에 대한 대처 능력이 높아져 당연히 성적이 좋을 수밖에 없습니다.

두 번째는 자신의 수준과 학업 능력에 맞춰 필요한 책을 고를 수 있기 때문입니다. 교과서가 누군가에게는 쉽지만 누군가에게는 어려울 수 있습니다. 수학 교과서는 쉽게 읽는 학생이 사회 교과서는 어렵게 느낄 수도 있습니다. 또 그 반대의 경우도 있습니다. 현재 수업이 어려운 학생은 교과서보다 더 쉽고 자세하게 설명한 책을 읽고 이미 알고 있는 내용이라 흥미가 떨어진 학생은 심화된 책을 읽으면서 눈높이에 맞는 학습을 이어갈 수 있습니다. 중하위권은 성적 상승의, 상위권은 성적 유지의 모멘텀을 교과 독서가 제시합니다.

세 번째는 새로운 개정 교육과정에서 평가가 바뀌기 때문입니다. 주입식 암기형 시험 대신 과정 중심 평가로 바뀌고 있습니다. 수행평가의 중요성이 갈수록 커지고 교과서를 바탕으로 다양한 활동을 전개하도록 요구하고 있습니다. 학교 수업과 관련된 활동이 독서 활동 말고 뭐가 있겠습니까? 봉사, 리더십 동아리, 학생회 같은 비교과보다도 훨씬 더 수업 친화적인 것이 독서 활동입니다. 수능을 준비하는 고3 시기 외에 나머지 학년에서는 교과서와 교과서 연계한 책이 학생을 평가하는 가장 기본적인 도구가 됩니다.

독서와 가장 가까운 과목, 국어부터 교과 연계 독서를 하는 방법론을 알아볼까요? 과목별로 바뀐 교육과정에서 평가의 주요소, 그에 따른 교과 연계 독서 선정 전략 그리고 마지막으로 실제 추천 도서 사례 순으로 내용이 구성됩니다. 교과 연계 독서는 워낙 방대하기에 한 권의 책을 자세히 소개하는 방식이 아닌 여러 권의 책을 간략하게 소개하겠습니다.

과목별 교과 독서 방법

국어: 교과서에 실린 문학 작품과 확장 독서

개정 교육과정에서 국어는 1학년에 배우는 공통 국어, 2학년부터 의무적으로 선택하는 독서 문학(의무), 화법과 작문, 언어와 매체(둘 중 하나 선택)가 있습니다. 그리고 주로 3학년 때 선택하는 진로 선택 과목으로 실용국어, 심화국어, 고전읽기 등이 있습니다.

국어는 2가지를 신경 쓰면 됩니다. 하나는 말하기, 읽기, 듣기, 쓰기 기능을 동시에 향상시켜야 합니다. 독해력이 중요하다고 해서 읽기만 챙기면 안 됩니다. 평가는 4가지 모두에 걸쳐 있습니다. 또 한 가지는 범교과적으로 모든 자료가 읽기 텍스트가 된다는 사실입니다. 범교과뿐 아니라 비교과 활동도 평가할 수 있는 것이 국어 과목의 특징입니다. 그렇다면 그에 맞게 전략을 짜야죠. 어떤 책들이 좋을까요?

듣기 말하기 영역에서는 《소통의 기술》(넥스웍)이라는 책이 있습니다. 말하기, 읽기, 토론은 소통을 위해서 존재합니다. 저자는 스피치 전문가로서 "사람은 서로 어울려야 살아갈 수 있고 내 인생을 내가 바라는 방향으로 이끌어 가는 힘을 가지고 있어야 한다. 그 힘은 바로 말에 있다."고 합니다. 자신의 생각을 어떻게 표현하고 자신이 원하는 것을 어떻게 말로 얻는지 등에 대한 노하우가 실려 있습니다. 소통의 기술, 말하기의 테크닉을 가르쳐 주는 책입니다.

독서의 습관과 태도 형성도 교육 목표인데요. 과정 점검의 읽기라는 학습 영역에서 학교 선생님들은 《자기주도적 읽기 방법》(시그마프레스)을 추천합니다. 저자인 송하성 교수는 내적 대화, 배경지식 활용하기, 질문하기, 그려 보기, 추론하기, 요약하기, 종합하기 등의 방법을 통해 쉽게 글을 이해하는 독해자로 성장할 수 있도록 책을 꾸몄습니다. 읽은 것을 최대한 자신의 지식 탱크에 저장할 수 있는 효과적인 방법론에 대한 책입니다.

글쓰기에서는 설득하는 글쓰기가 중심이 되고 있습니다. 김재욱 작가의 《쉬운 글쓰기》(필로)를 추천합니다. 시각디자이너 출신인 저자는 군더더기 빼내기, 글의 농도 높이기, 진솔함으로 공감 얻기 등 남을 설득할 때 어떤 방법들을 사용하는지 아주 쉽게 쓴 책입니다. 고등학생은 물론 중학생도 읽을 수 있는 책입니다.

문학 영역에서는 《국어 시간에 소설 읽기》(휴머니스트) 혹은 《문학시간에 소설 읽기》(휴머니스트) 시리즈를 추천합니다. 전국국어교사모임에서 쓴 이 책은 청소년들이 읽기 적절한 소설들(상당수는 국어 교과서에 실려 있습니다)을 모아 학생들이 글 읽는 재미도 느끼고 내신 및 수행

평가에도 도움을 받을 수 있게 했습니다. 특히 《국어시간에 생각 키우기》(휴머니스트)는 중학생들이 수능형 비문학 지문을 읽고 사고력을 키울 수 있어 추천합니다. 국어 선생님들이 직접 출제한 주관식 문제들이 생각 키우기로 딸려 있어서 수능, 논술, 고등학교 수행평가를 동시에 준비할 수 있는 장점이 있습니다. 글의 내용 확인, 글의 구조 파악, 저자 주장의 요지 파악 후 자신의 견해 세우기 등 단계별로 사고력을 키울 수 있습니다. 작품에 담긴 사회적 맥락과 문화적 가치를 평가하며 읽을 때는 고전 전문 작가 고미숙의 《청년백수를 위한 길 위의 인문학》(사계절)이 좋습니다. 조선시대 마이너리티였던 임꺽정과 현대 사회의 비정규직이나 난민과 같은 비주류의 상황을 연결시켜 사회적 의식을 각성시킵니다. 문학적 가치와 사회적 가치의 연계성을 알게 하는 좋은 책입니다.

영어: 원서 해석과 영어권 문화에 대한 이해가 중요

수능에서 영어가 절대평가로 바뀐 이후 학교 영어 시험은 더 어려워지고 있습니다. 일부 강남의 고등학교들은 영어 교과서 바깥에서 지문을 내거나 지문은 물론 발문과 보기도 영어로 구성하는 경우가 늘고 있습니다. 수능에서 가장 어려운 빈칸 추론 문제를 과감하게 고1 때부터 출제해 적응력을 키우고 있습니다. 영어 내신 시험은 상위권일수록 변별력이 높아 객관식 시험에서 승부가 나지 않고 배점이 높은 주관식 문제에서 등급이 갈리는 경우가 많습니다. 학생들이 주로 틀리는 유형은 영작과 틀린 어법 문제입니다. 전자는 영어 지문을 주고 일정 부분을 한글 번역본으로 바꾼 뒤 이를 영어로 표현하라고 합니다. 물론 단어들을 주고 배열하라는 경우가 많습니다. 또 한 가지 유형은 가장 오답률이 높은 문제인데요. 한 단락 정도의 영어지문을 주고 그중에서 어법이 틀린 부분을 찾아 바로 고치라는 문제입니다. 이런 문제들은 눈으로만 푸는 습관으로는 대비가 어렵습니다. 직접 써보면서 문제를 풀어야 합니다.

2015 교육과정 개정 이후 고등학교 2학년 이상 학생들이 배울 영어 과목은 영어 회화, 영어 독해와 작문 외에 진로 영어, 영어권 문화, 영미문학 읽기 등의 수업을 선택해서 들을 수 있습니다. 이 중에서 영어권 문화와 영미문학 읽기는 원서를 읽는 것이 많은 도움이 됩니다. 영어권 문화는 다양한 생활양식, 풍습, 사고방식 등에 관해 이해하고 표현하는 능력을 기르며 영어권 문화와 우리 문화의 유사점과 차이점을 비교하여 각 문화의 고유성을 존중하는 태도를 기르는 것을 목표로 합니다. 원서 읽기가 큰 힘을 발휘할 수 있습니다. 이때 도움이 되는 책이 여행 작가 빌 브라이슨의 《빌 브라이슨 발칙한 영어 산책》(살림), 《빌 브라이슨의 발칙한 미국학》(21세기북스)입니다. 미국이라는 나라와 미국인들이 어떤 사람들인지 정말 재미있게 쓴 책이죠. 원서로 읽으면 더 좋겠지만 우리말 번역본으로도 독특한 매력을 느낄 수 있습니다. 《빌 브라이슨 발칙한 영어 산책》은 방대한 영어 단어가 각각 어디에서 왔는지 유래를 밝히며 미국의 역사와 문화를 재미있게 소개합니다. 책을 보면 아주 흥미로운 사실들이 많이 등장합니다. 《빌 브라이슨의 발칙한 미국학》은 미국인들의 문화 백서입니다. 미국인들은 물질주의를 숭배하고, 스포츠와 영화, 음악 같은 대중 매체에 가장 많이 노출된 국민입니다. 소비가 미덕인 나라이기 때문에 광고가 미국 사회에

서 차지하는 영향력 또한 엄청납니다. 미국인들의 과소비를 때로는 풍자하면서 시니컬하게 풀어 나간 책입니다.

영미문학 읽기는 영미에서 출판된 대표적인 소설, 시, 희곡 등 문학 작품의 독서와 감상을 통하여 영어 이해 능력과 표현 능력을 심화하고 인문학적 상상력과 창의력을 바탕으로 한 영어 독서 능력을 끌어올리는 과목입니다. 문학 독서의 중요성을 전면에 내세운 강좌로 인문계열과 어문계열 지원자들이 주로 선택해서 듣습니다. 외고, 국제고생이 아니더라도 일반고 학생도 영어 원서 읽기의 필요성이 생긴 셈입니다. 그동안 일반고 학생도 틈틈이 영어 원서를 읽었습니다. 영어 관련 교과에서 학생부에 가장 많이 적힌 책은 《The Giver》(Lois Lowry)입니다. 《기억 전달자》로 국내에 번역되어 있습니다. 동명의 영화가 상영되기도 했습니다. 자유보다는 평등이 강조되는 세상, 모두 똑같이 행복한 삶을 살기 위해 감정과 기억이 철저히 통제된 유토피아 사회에서 유일하게 감정을 느끼게 되는 소년의 이야기를 다룬 SF 소설입니다. 한 학생은 자소서에서 학업에 기울인 노력을 묻는 질문에 이 책을 갖고 설명하였습니다.

"수업 교재였던 《The Giver》를 공부하며 수능 형식이 아닌 긴 지문 속에서 제가 아는 문법과 맞지 않는 문장들을 만나게 되었고 이 문장들을 모둠원들과 고민하여 어떻게 그런 해석이 나왔는지 서로 설명하며 여러 개의 문장으로 해석하는 과정에서 독해 실력을 향상시킬 수 있었습니다."

이 학생은 영어를 그렇게까지 잘하던 학생은 아니었습니다. 하지만 《The Giver》를 처음부터 끝까지 완독하고 친구들과 파트를 나눠 우리말로 번역했는데 번역한 것을 갖고 토론하는 과정에서 영어 독해 실력이 향상되어 학교 내신 시험은 물론 3학년 때 모의고사까지 성적이 올랐습니다.

《The Giver》를 읽고 영어 원서 읽기에 자신감이 생긴 학생들은 다음과 같은 과제에 도전해 보는 것도 좋습니다. 영문학의 대가로서 비슷한 시기에 노벨 문학상을 수상한 두 작가 헤밍웨이와 윌리엄 포크너의 영어 소설을 비교해 보는 것입니다. 헤밍웨이는 짧고 쉬운 단어로 명쾌하게 쓰는 작가라 고등학생은 물론 중학생도 원서로 읽는 데 부담이 없습니다. 반면 포크너는 난해한데다 복잡하고 긴 문장을 구사해 미국인들도 어렵게 느끼는 작가입니다. 각각 단문과 장문을 대표하는 미국 최고의 작가로 평가할 수 있습니다. 헤밍웨이는 거의 전 작품을 중고생이 원서로 읽을 수 있지만 포크너는 난해한 문장(실제 한 페이지가 한 문장인 경우도 있습니다)에, 남부 사투리가 잔뜩 쓰인 특징 때문에 일부 작품 외에는 고등학생이 읽기 어렵습니다. 고등학생이 읽을 수 있는 수준의 어휘로 쓰인 중편인 《곰Bear》을 헤밍웨이의 《노인과 바다Old man and the sea》와 비교해서 읽으면 좋습니다. 둘 다 동물을 등장시켜 인간과 자연과의 조화, 생태주의 세계관을 바탕으로 쓴 소설입니다. 두 작품을 문체 스타일상에서 비교해 보고 그 내용을 서울대식 독서 활동에서 권장하는 비교 서평 형식으로 써보는 것도 좋은 방법입니다.

수학: 이야기로 재미있게 개념을 이해하자

수학은 교과 연계 독서를 하기에 어려운 과목입니다. 그러나 책을 통해 쉽고 재미있게 개념을 이해하면 수학을 보다 덜 고통스럽게 공부할 수 있습니다. 바뀐 교육과정에서 수학은 가장 큰 변화가 있습니다. 이과생들을 괴롭히던 어려운 벡터가 수능 시험에서 빠집니다.

아무래도 수학은 지필 평가의 영역이 클 수밖에 없지만 새로운 교육과정에서는 이마저 조금 변화가 있습니다. 포트폴리오 평가, 구술 평가, 자기 평가, 동료 평가 등을 혼합해 다양한 방식으로 학생들을 평가하겠다고 합니다. 이에 따라 학교 교과서를 바탕으로 개념서를 읽어 가는 방식이 이들 평가에서 좋은 점수를 얻을 가능성이 높아졌습니다.

고등학교에서 배우는 삼각 함수, 도형, 미적분, 벡터 등의 과목들은 대학 올라가서 3가지 큰 범주로 통합됩니다. 방정식 등 수를 다루는 대수, 미적분을 주로 다루는 해석, 그리고 기하학으로 쪼개지면서 전공자들은 셋 중에서 자신의 전문 분야를 찾아갑니다.

그래서 저는 대수, 해석, 기하 등 세 영역별로 한 권씩 추천 도서를 선정해 내신 성적 향상에 활용할 수 있는 방법을 제안합니다.

먼저 대수에 대해서는 영국의 수학자 이언 스튜어트가 쓴《세계를 바꾼 17가지 방정식》(사이언스북스)을 추천합니다. 그는 모든 사람이 자신처럼 수학을 즐기는 그날을 꿈꾸며 이 책을 썼다고 합니다. 고등학교에서 다루는 방정식도 있지만 파동 방정식, 블랙-숄스 방정식처럼 대학에서 다루는 편미분이 들어간 높은 수준의 방정식도 등장합니다. 대수의 꽃으로 알려진 지수와 로그함수를 이 저자는 어떻게 풀어갈까요? 그는 본격적인 이야기를 풀기 전에 3가지 질문에 대한 답으로 시작합니다. 무엇을 말하는가? 왜 중요한가? 어디로 이어졌는가? 이 하나하나가 본질적인 질문으로 마치 프랑스 대입 자격 시험인 바칼로레아의 문제 같습니다. 수학이 논리적 사고력을 키우는 학문이라면 그 완성은 이런 질문에 대한 답변으로 이루어질 것 같습니다. 특히 '어디로 이어지는가?'라는 질문은 수학을 배워서 무엇에 쓰는지에 대한 정확한 답변이며 왜 수학을 공부해야 하는지에 대한 이유이기도 합니다.

해석에서는 이 책이 가장 공부에 도움이 된다고 알려져 있습니다. 《미적분으로 바라본 하루》(프리렉)입니다. 그에 따르면 향수의 냄새, 커피의 맛 등에도 미적분이 응용됩니다. 현재는 이메일, 문자, 트위터 등 모든 것에 미적분이 연결되어 있죠. 그 이유는 시간에 따른 변화율을 연구하는 것이 미적분이고 이 세상 모든 것은 변화하기 때문입니다. 실제 이 책은 많은 고등학생들이 읽고 학생부와 자소서에서 인용합니다. 미적분과 일상의 연관성, 상관관계 등으로 연구를 고차원적으로 진행하는 학생들도 많이 보았습니다. 이런 식의 활동은 개념 이해의 폭을 넓히고 깊이를 더욱 파고들어 수능 4점짜리 고난도 문제를 푸는 데도 도움을 줍니다.

기하에 대한 책은 학생들이 쉽게 접할 만한 것이 상대적으로 적습니다. 2015 개정 교육과정에도 참여한 이광연 한서대 수학과 교수의 《기하, 역사와 문화로 읽다》(경문사)'라는 책이 좋습니다. 고대부터 현대까지 기하의 역사를 살펴봄으로써 기하를 큰 틀에서 바라볼 수 있게 합니다. 수행평가에 대비하기 위한 가장 좋은 방법은 유클리드 기하학과 비유클리드 기하학의 차이에 대해서 이 책을 활용해 답을 써보는 겁니다. 수학 과제 연구 시간이나 학교 탐구대회에도 나갈 만한 훌륭한 주제입니다.

사회·역사·일반 사회·지리: 논술형 평가에 대비

교육부에 따르면 사회과는 학생들이 사회생활에 필요한 지식과 기능을 익혀 이를 토대로 사회 현상을 정확하게 인식하고, 민주사회 구성원에게 요구되는 가치와 태도를 지님으로써 민주 시민으로서의 자질을 갖추도록 하는 교과입니다. 사회 과목은 교육부가 적극적으로 논술형 평가를 도입할 것을 권장하는 특징이 있습니다. 논술과 가장 거리가 먼 지리 과목조차 다음과 같은 평가를 추천할 정도입니다.

"기후 변화, 기후 환경에 대한 인간의 영향 등 다양하고 복잡한 변인들을 종합적으로 고려해야 하는 평가의 경우는 토론이나 발표, 보고서 등을 평가 도구로 활용하는 것이 유용하며, 지필 평가를 활용할 때는 선다형 문항보다는 서술형이나 논술형 문항이 보다 적절하다."

지필 평가보다는 토론, 발표, 보고서 등을 평가하고 지필 평가를 하더라도 서술형과 논술형으로 출제할 것을 권하고 있습니다. 모든 사회 과목이 다 그러하죠. 사회과 교과 연계 독서는 따라서 많을 수밖에 없습니다.

한국사는 정권이 바뀌면서 일제 강점기와 한국 현대사 부분이 강화될 것으로 보입니다. 따라서 이 분야 책들을 읽으면서 교과서 내용을 심화 학습해야 합니다. 학교 선생님들이 주로 읽고 학생들에게 권하는 책들 중에는, 일제 강점기 관련 도서로 《교과서가 담지 못한 에피소드 독립운동사》(앨피)가 있습니다. 또 현대사 중 5.18 광주 민주화 항쟁을 깊이 있게 다룬 《죽음을 넘어 시대의 어둠을 넘어》(창비) 같은 책도 있습니다. 한국 사회의 진보와 보수 논쟁의 배경과도 같은 역사적 사건이기에 현 사회 이슈와 연결지어 이해하는 것도 괜찮습니다.

일반 사회 과목 중 지리 과목에서 독서가 특히 중요한 부분은 자신이 거주하는 지역을 사례로 공간 변화가 초래한 양상 및 문제점을 파악하고 이를 해결하기 위한 방안을 제시하는 파트입니다. 과거와 현재가 어떻게 변화했는지 파악하는 게 중요하고 이때 도움이 되는 책이 《그곳에 사람이 있다》(나름북스)입니다. 오래된 미로, 도시 뒷골목이라는 부제가 보여 주듯 도시화, 산업화 속에서 소외된 가난한 사람들의 이야기를 담담하게 풀어낸 책입니다.

세계 지리에서 세계의 인문 환경과 인문 경관이 많은 비중을 차지합니다. 특히 인구문제와 도시화가 현재의 핵심 키워드인 만큼 관련 책을 통해 도움을 받으면 좋습니다. 현재 인류가 맞닥뜨린 인구문제의 본질이 무엇이고 어떤 방향과 속도로 변화해 가는지, 어떻게 지속될 것인가에 대한 해답을 담고 있는 책이 있습니다. 《세계 인구의 역사》(해남)입니다. 고등학생이 읽고 이해하기에 좋습니다. 저자가 국제기구에서 일한 인구문제 전문가여서 지식뿐만 아니라 관점과 통찰력을 키우는 데도 도움이 됩니다. 물론 서술형과 논술형 평가 시험 대비에도 효과가 있습니다.

일반 사회는 경제, 법과 정치, 사회문화, 생활과 윤리, 윤리와 사상 등 나머지 과목들이 모두 포함됩니다. 고등학교 1학년 때 문·이과 공통으로 배우는 통합 사회 과목은 통합적 관점에서 시작합니다. 삶의 목적으로서 행복의 의미는? 인간과 자연의 바람직한 관계는? 이런 식으로 목차가 구성되어 있습니다. 이런 구성을 취하는 이유는 정치, 경제, 언론, 노동 등을 별도로 배우기 전에 사회를 통합적으로 이해하기 위해서죠. 많은 사회선생님들이 추천하는 책이 바로 《처음 만나는 사회학》(다른길)입니다. 사회 현상의 특성과 연구방법으로 시작해서 사회화를 거쳐 사회제도, 사회계층까지 고교 3년 동안 알아야 할 사회 지식들이 다 담겨 있다고 해도 과언이 아닙니다. 읽는 것만으로도 내신은 물론 인문 논술 대비까지 충분하죠. 요즘 교육과정에서는 사회적 소수자 문제를 비중 있게 다룹니다. 학교 선생님들도 이런 변화된 현실을 적극적으로 평가에 반영할 것입니다. 사회적 소수자 차별과 청소년의 인권 교육은 통합 사회에서 아주 중요해졌습니다. 그때 도움을 줄 수 있는 책이 《하나도 괜찮지 않습니다》(블랙피쉬)입니다. 사회 현상에 대한 예리한 진단과 그 원인을 분석하는 데 그치지 않고, 다수의 보통 사람들이 어떻게 해야 하는지 실천적 대안을 담은 책입니다. 이들 책은 다 교과 과정과 밀접하게 연결이 되어 있으니 읽고 나서 인용문 고르기를 하면 좋습니다. 즉 학교 수업 시간에 배운 내용과 연계해서 의미를 두고 싶은 문장들을 골라 이를 노트에 옮겨 보는 겁니다. 그 노트의 양식은 앞서 살펴본 서울대 독서록을 참조하세요.

과학: 교양서로 흥미롭게 접근한다

과학 과목은 크게 2가지로 나눌 수 있습니다. 물리, 화학, 생명과학, 지구과학, 각각의 지식들을 따로 배우는 과정과 통합과학과 융합과학, 과학 탐구 실험처럼 이들 지식들을 통합적으로 배우는 경우가 있습니다. 물론 통합과학이라고 해도 결국 물리, 화학, 생명과학, 지구과학으로 쪼갤 수 있습니다. 사회와 달리 과학은 전체를 부분으로 쪼개는 것과 부분을 합쳐 전체로 만들 때와 같은 환원주의가 가능하기 때문입니다.

과학 과목은 다음 4가지 능력 함양을 목표로 합니다. 과학적 사고력, 과학적 탐구능력, 과학적 문제해결능력, 과학적 의사소통능력입니다. 물리, 화학, 생명과학, 지구과학 순으로 교과 공부에 도움이 되는 책들에는 무엇이 있을까요?

물리는 모든 자연과학의 기반이 되는 개념을 제공하고, 자연 세계에 대한 본질적 이해를 추구하는 학문입니다. '물리학 I'은 '역학과 에너지', '물질과 전자기장', '파동과 정보통신' 단원으로 구성되어 있고 물리학 II는 '역학적 상호 작용', '전자기장', '파동과 물질의 성질' 단원으로 구성됩니다. 고등학교 1학년까지는 이 두 권의 책이 도움이 됩니다. 《세상을 바꾼 물리》(리베르스쿨), 《교양인을 위한 물리 지식》(반니)입니다. 전자는 과학사 전문가이며 영재교육강사인 저자가 자유낙하 법칙을 발견한 갈릴레이 갈릴레오부터 상대성이론과 양자역학을 집대성한 코펜하겐 해석까지 현대 물리학의 역사를 다룹니다. 이 책을 읽고 나서 책 내용을 요약해 보며 현대 물리학의 위대한 학자들과 그의 발견들을 정리하면 교과 공부에 큰 도움이 됩니다. 《교양인을 위한 물리 지식》은 더 쉽고 재미있게 물리에 접근하는 방법을 소개하는 책입니다. 물리학 박사인 저자들은 일상생활과 연관지어 40개의 물리학 관련 질문들을 뽑아냈습니다. 책을 읽고 나서 자신이 호기심을 느낀 질문에 대한 답을 써보는 과정은 그 자체가 주관식 평가의 대비책이 됩니다. 저자들은 물리법칙이 없었으면 인류의 진보 또한 존재하지 않았을 거라고 주장합니다. 운전할 때 없어서는 안 될 내비게이션에서부터 몸이 아플 때 진단에 꼭 필요한 MRI, 아이들의 즐거운 놀이기구인 그네, 기기의 혁명이라 부르는 스마트폰까지 이 세상에 물리법칙 없이 작동하는 기계는 없다고 단언합니다.

화학은 변화에 대한 학문으로 모든 과학의 도구 과목이라고 할 수 있습니다. 우리의 삶과 가장 밀접하게 관련된 과학이 바로 화학입니다. 화학I에서는 물질의 구조와 물질의 변화를 다룹니다. 화학II에서는 물질의 3가지 상태와 용액, 반응 엔탈피와 화학 평형, 반응 속도와 촉매 화학, 전기 화학과 이용에 관한 심화 개념을 다룹니다.

화학 관련 교과 도서는 생활 밀착형 과학 책들을 골랐습니다. 《집 안에서 배우는 화학》(양문)과 《사라진 스푼》(해나무)입니다.

《집 안에서 배우는 화학》은 집, 거실, 주방, 욕실 침실 등 집 안 구조별로 목차가 구성되어 있습니다. 집 안의 모든 공간이 화학 실험실이기에 저자들은 얼음이나 소스 만들기, 오븐에 넣고 쿠키 굽기 등이 모두 화학 실험이라고 주장합니다. 복잡하고 어려운 이론이나 화학식이 아니라 재미있는 실험과 스토리텔링으로 난이도가 어렵지 않은 편입니다. 《사라진 스푼》은 조금 더 어려운 책으로 이과를 진학하려는 고등학생에게 도움이 되는 책입니다. 이 책은 주기율표에 나오는 모든 원소들을 일일이 추적하면서, 이 원소들이 역사, 경제, 신화, 전쟁, 예술, 의학과 과학자들의 삶에 어떤 영향을 미쳤는지 생생하게 이야기합니다. 과거에는 주기율표를 외우는 방법 외에는 없었지만 최근에는 이렇게 재미있는 스토리텔링 책을 읽으며 원소의 등장과 역할에 대해서 흥미진진하게 지식을 습득할 수 있습니다. 책을 읽은 후에는 역시 스터디 독서에서 권장하는 독서록을 작성하면 좋습니다.

생명과학은 인간의 몸을 중심으로 생명 현상을 탐구하는 학문입니다. 생명과학I에서는 사람의 물질대사를 포함한 생물의 구조, 항상성

과 몸의 조절, 생명의 연속성, 생태계 등의 개념을 배웁니다. 생명과학
II에서는 진화론과 생물의 다양성 그리고 현대의 생명공학 기술을 다
룹니다. 생명과학I에서는 많은 학생들이 항상성을 어려워합니다. 그
때 도움이 되는 책이 《동적 평형》(은행나무)입니다. 세계적인 분자생물
학자인 저자는 살아 있다는 것을 움직이는 평형 상태로 묘사합니다.
움직이면서 평형을 유지한다는 것이 모순 같지만 이 모순 때문에 생
명이 존재할 수 있는 거죠. 이 책을 읽으면 항상성이라는 개념뿐만 아
니라 최첨단 생명과학 실험실에서는 무엇이 진행되는지 알 수 있습니
다. 진화론은 생명과학II에서 본격적으로 다루지만 고1 때 배우는 통
합과학의 '생물 다양성과 유지'라는 단원에서도 맛보기로 소개가 됩니
다. 리처드 도킨스의 책은 고1 때 읽으면 알맞습니다. 2016년에 출간
된 《리처드 도킨스의 진화론 강의》(옥당)는 자신이 그간 썼던 책들을 하
나의 강연으로 압축해 놓았습니다. 《이기적 유전자》(을유문화사)도 많
은 학생이 읽지만 보다 더 교과 연계에 가까운 책은 이 책입니다. 강연
록이라 쉽게 읽힙니다. 생명체가 설계되었다는 지적 설계론에 대한 공
격으로 시작해 눈, 날개 등의 기관이 어떻게 진화할 수 있었는지 그 과
정을 전달합니다. 인문, 사회, 종교 등에 해박한 지식을 갖고 있어
서 책 속에는 온갖 비유가 넘쳐납니다. 도킨스는 돌연변이와 자연 선
택이 어떻게 지구를 찬란한 생명의 제국으로 만들었는지 설명하기 위
해 진화의 역사를 '불가능의 산'을 오르는 등반가에 비유하기도 합니
다. 신 같은 설계자의 개입 없이 수억 년간 누적되어 온 발전의 결과
가 바로 진화인 것이지요. 교과 연계 독서 활동은 무엇이 좋을까요?
이 책 바깥, 즉 인터넷이나 도서관 등을 통해서 진화의 다른 증거들

을 찾아보는 겁니다. 진화가 중요한 만큼 '나의 진화론 강의'라는 이름으로 강의 노트를 만들어 보는 것도 도움이 됩니다.

지구과학은 지구와 우주에 대해서 연구하는 학문입니다. 지구과학 Ⅰ은 지구, 대기와 해양 그리고 우주의 진화와 구조까지 다루며 지구과학 Ⅱ는 판구조론, 대기에 작용하는 여러 가지 힘, 물리량에 따른 빛의 밝기, 성간 물질 등을 배웁니다. 지구과학에 도움이 되는 책은《지구를 소개합니다》(우리교육)와 《뮤지컬 코스모스》(부키)입니다. 전자의 책은 쉽게 풀어 쓴 지구과학 교과서입니다. 저자는 가독성을 높이기 위해 45억 년 된 지구를 인터뷰하듯이 썼습니다. 지구의 구성 요소, 지각 변동, 지구의 온도, 지구의 자전과 공전까지 지구의 모든 것을 담았습니다. 이야기가 재미있어서 몰입하며 읽으면 자연스럽게 개념들이 이해가 됩니다.《뮤지컬 코스모스》는 미국 지식인 사회에서 가장 성공한 흑인 물리학 교수가 쓴 우주 이야기입니다. 저자는 재즈 음악과 우주의 놀라운 유사성을 바탕으로 우주가 얼마나 넓고 아름다운지 설명합니다. 2500년 전의 피타고라스부터 100년 전의 아인슈타인까지 우주의 원리를 파헤친 사람들이 한결같이 음악 애호가였다는 점을 그는 지적합니다. 실제 피타고라스는 음악가로도 유명했고, 아인슈타인은 모차르트의 열렬한 팬이기도 했습니다. 물리학과 음악이라는 두 분야를 '유비'라는 개념으로 연결함으로써 소리를 통해 물리학을 이해할 수 있게 했습니다.

기타 과목: 독서로 성실성과 재능을 보여 준다

기타 과목은 기술, 가정, 정보, 제2 외국어, 한문, 체육, 음악, 미술을 의미합니다. 기타 과목은 너무 많고 다양해서 기술과 가정, 정보 과목만 간략하게 다루겠습니다. 이들 과목들은 대학마다 반영하는 대학이 있고 그렇지 않은 대학이 있습니다. 학종에서는 특정 등급 이하일 때 감점을 하는 방식입니다. 결국 이들 과목들은 고등학교 생활을 성실히 했다는 증거로 제시될 수 있습니다. 그러면서 동시에 실용적인 측면에서 재능이 있다는 것을 보여 줄 수 있습니다.

기술 과정은 1단원이 인간 발달과 가족입니다. 많은 선생님이 추천하는 도서가 있습니다. 바로 《사랑과 결혼》(양서원)이라는 책입니다. 건강한 가족 형성의 기반이 되는 사랑과 결혼의 의미에 대해서 이해하고 행복한 결혼이 지니는 가치에 눈뜨게 합니다. 기술시스템 영역에서는 《궁금한 제조 기술의 세계》(삼양미디어)를 추천합니다. 첨단 제조 기술이 산업의 발달과 우리 생활에 미치는 영향과 미래에 활용 가능한 기술 분야에 대해서 예측하고 전망하는지 평가한다는 성취 기준을 그대로 만족시키는 책입니다.

정보 과목은 '정보문화', '자료와 정보', '문제 해결과 프로그래밍', '컴퓨팅 시스템' 등 4영역으로 구성되어 있습니다. 가장 어려운 분야는 문제 해결과 프로그래밍에서 알고리즘입니다. 알고리즘은 수학적 사고력을 바탕으로 하기 때문에 어렵지요. 이때 도움을 받을 수 있는 책이 《알고리즘 라이프》(생각정거장)입니다. MIT 출신 컴퓨터 칼럼니스트가 쓴 이 책은 복잡한 수식을 사용하지 않고 마트나 백화점, 사무실처럼 평범한 공간에서 부딪히는 문제를 해결하는 알고리즘의 원리를 설명하고 있습니다. 일상 속에서 누구나 겪을 평범한 상황들을 헤쳐 나가는 데 알고리즘적 사고가 얼마나 도움이 되는지를 친절하고도 기발하게 소개하는 책입니다. 알고리즘을 설계하는 과제를 제시하고, 자신의 결과물을 동료와 서로 토론하는 과정을 관찰하여 학습자가 문제 상황에 적합한 제어 구조를 활용한 알고리즘을 효율적으로 설계하는지 평가한다는 수행평가 대비에도 도움이 됩니다.

2017학년도부터 학생부에서는 독서 활동의 기재 사항이 변경됐습니다. 읽은 책 제목과 저자 이름은 독서 활동란에 기재할 수 있고 내용이나 소감은 기록할 수 없도록 바뀌었습니다. 그렇지만 대학들은 학생들의 독서 활동을 비중 있게 보니 일선 고등학교들은 고민이 클 수밖에 없었습니다. 그래서 수시에 신경을 쓰는 학교일수록 교과 활동 상황을 적는 세부능력 특기사항을 학생이 읽은 책과 연관 지어 기술하는 쪽으로 했습니다. 세부능력 특기사항을 통해 진로 적성을 보여줄 수도 있고 균형 잡힌 인재임을 보여 줄 수도 있습니다. 몇 가지 사례를 살펴보겠습니다.

〈사례 1〉 일반고 이과생의 국어 세부능력 특기사항

사회적 소통 및 지식 창출 행위로써 독서와 작문에 대해 교과를 통해 이해하고, 평소 가지고 있던 '암'에 대한 독서 활동과 그를 바탕으로 하는 정보 전달의 작문 활동을 수행함. 암에 대한 지식을 얻고자 《암의 진실》(토트출판사)을 선정하여 읽고 기존에 자신이 알고 있는 정보를 바탕으로 하여 새로 알게 된 정보를 정리함. 그중 유방암 X선 검사의 위험성에 대해 자신이 기존에 알고 있던 전자기파에 의한 유해 정의에 저자가 주장하고 있는 물리적인 압력에 의한 유해성의 존재를 알고, 그를 근거로 유방암 X

선 검사를 절대 받지 말라는 저자의 주장에 의문을 가지고 탐구하는 과정을 보임. 저자의 주장은 암 진단을 고려하여 보았을 때 극단적인 경우에 해당함을 깨닫고 진단 검사에 대해 올바른 정보를 사람들에게 전달하고자 함. 독자에게 유방암 자가 진단법을 제시하고, 그 진단법을 바탕으로 구체적인 상황을 밝혀 독자가 능동적으로 유방암 X선 검사를 받을 수 있도록 권장함. 책이 전달하는 정보와 더불어 자신의 기존지식을 바탕으로 비판적으로 수용하는 능동적 독서 태도가 돋보이며 이렇게 형성한 정보를 글을 통해 타인과 나누는 소통의 수단으로 작문을 활용하는 모습을 칭찬함.

〈사례 2〉 일반고 문과생의 윤리와 사상 세부능력 특기사항

사회 사상에서 자본주의와 사회주의의 차이가 자유와 평등에 있음을 깨닫고 두 가지가 조화하는 방법을 역사적으로 추구한 케이스에 대해서 알아봄. 자유와 평등의 조화에서 가장 대표적인 예로 정의의 개념을 간파하고 특히 롤스의 정의론에 감명을 받음. 교과 수업을 듣고 롤스의 공정으로서의 정의에 대해 《존 롤스》(커뮤니케이션북스)라는 관련 도서를 추가적으로 읽고 자료를 조사함. 이 과정에서 현대 사회에 원초적 입장, 무지의 베일을 적용해 보면 어떨지 생각해 보는 과정에서 TV 프로그램 〈복면가왕〉의 예시를 들어 신박하고 창의력 있게 원초적 입장, 무지의 베일의 필요성에 관한 자신의 주장을 동서양의 사상 속에서 증명하는 보고서를 작성하여 논리적으로 표현하며 사고력을 키움. 롤스의 정의론과 아리스토텔레스의 정의가 정의보다는 중용에 가까운 개념임을 밝히고 동양의 한비자의 정의는 보다 실용주의적 입장에 서 있음을 주장함.

〈사례3〉 과학고 학생의 한국사 세부능력 특기사항

한국사와 시사에 대한 관심이 깊어 토론 수업에 열의를 갖고 자신의 견해를 분명히 하고, 이를 논리적으로 전개하면서 적극적으로 참여함. 독도가 우리 땅임을 홍보하는 광고를 제작하는 수업에는 독도에 대한 사전 조사를 통해, 독창적이고 예술적으로 광고를 구성하였음. 역사 독서 시간에는 《나의 한국현대사》(돌베개), 《26년》(재미주의), 《허수아비춤》(해냄) 등 다양한 책을 읽고 역사의 흐름을 이해하고 현대사에서 독재가 반복되지 않으려면 어떻게 해야 할지에 대해서도 생각해 보고 글쓰기를 통해 논리적으로 정리함. 제1공화국 이승만 정부를 주제로 주요 사건들을 중심으로 체계적으로 정리하여 프레젠테이션함. 분석한 내용을 학생들에게 설명하는 과정에서 풍부한 역사적 지식을 잘 활용하였음. 독서를 통해 당시의 삶을 엿볼 수 있었으며, 이를 통해 현재의 삶을 보는 안목을 넓힐 수 있었음. 친일파와 일제강점기의 고통을 조사하여 발표하는 과정에서 일본이 식민 통치를 정당화하는 논리를 체계적으로 발표함.

　세 학생은 모두 학종으로 자신이 원하는 대학과 학과에 진학한 공통점이 있습니다. 〈사례1〉의 학생은 의대를 지망하는 이과생이고 〈사례2〉의 학생은 로스쿨에 진학해 검사가 되고자 하는 문과생입니다. 각자 진로에 맞는 책을 골랐습니다. 존 롤스의 정의론은 윤리와 사상에 직접적 연결되는 책이지만 타이 볼링거의 《암의 진실》은 국어 교과 독서는 아닙니다. 즉 전자의 학생은 진로 활동에 넣어도 될 내용이었지만 학교 수업 연장선상에서 읽게 된 계기 때문에 세특 항목에 기재한 것이지요. 타이 볼링거라는 작가는 논란이 되는 작가입니다. 미국에서 암 환자들이 암 때문에 죽는 것이 아니라 암의 치료로 죽는다는 극단적인 주장을 펴며 대체의학을 옹호합니다. 이 학생은 항암제의 부작용에는 어느 정도 공감했지만 유방암 검사까지 막는 볼링거의 주장은 다소 극단적으로 생각했나 봅니다. 화법과 작문 시간에 이 학생은 책을 비판적으로 읽고 능동적으로 소화하는 독자임을 보여 줍니다. 진로 독서에도 도움이 되지만 이는 대학별 고사 준비에도 도움이 됩니다. 2019학년도 서울대 일반전형 자연계 면접 중 생명과학 문제로는 암 세포와 정상 세포의 차이, 암 세포 전이의 특징 등을 물었기 때문에 이 책을 읽었다면 교과서 내용을 뛰어넘어서 깊이 있고 심도 있게 답변할 수 있었을 겁니다.

〈사례2〉의 학생은 마이클 샌델 교수가 비판하는 사유주의 철학자 존 롤스에 대해서 교과 독서를 한 후 느낀 점과 추후 활동을 적었습니다. 롤스의 무지의 베일을 TV 프로그램 〈복면가왕〉에 비유한 것은 신선해 보입니다. 추가 활동으로 동서양 사상가의 정의를 비교해 보며 자신만의 해석을 덧붙이려 한 점은 지적인 탐구 정신을 잘 보여 주는 사례입니다.

〈사례3〉의 학생은 과학고 학생이지만 문과 과목에 대한 관심이 적지 않으며 성실하게 수업에 임했음이 세부능력 특기사항에 잘 드러납니다. 유시민, 강풀, 조정래 등 유명 작가의 작품들을 문학과 비문학을 읽으면서 독서에 흥미가 있는 학생임이 드러납니다. 한국 현대사를 다룬 책 중에서 이 학생이 주목한 것은 바로 독재라는 정치 시스템입니다. 지금은 민주주의가 완전히 구현되었지만 사회 일각에서는 독재 시절에 대한 향수와 복귀를 추구하는 세력이 있습니다. 대부분의 입학사정관들과 대학 교수들은 이런 움직임에 대해서 부정적이고 비판적일 것이며 이 학생의 학생부를 읽는 평가자들은 이 학생은 과학고생이지만 사회 문제와 이슈에 대해서 관심이 많다는 것을 확인하고 진정한 과학자가 될 자질을 갖추고 있다는 느낌을 받을 것입니다.

진로 성숙도를 보여 주는 진로 독서

06

진로 독서의 힘

특목고와 자사고는 들어갈 때부터 대학교와 학과를 염두에 두고 지원을 합니다. 자소서를 쓸 때 지원 동기에서 그리고 면접 때 지원 동기와 미래 계획을 물을 때 독서를 통해 자신의 진로 성숙도를 보여 줘야 합니다.

반면 일반고는 진로 계열의 책을 고등학교에 올라와서야 집중적으로 읽습니다. 고등학교에 입학하면 진로 성숙도 외에 전공 적합성을 본격적으로 보여 줘야 합니다. 그와 동시에 학업 역량도 보여 줘야 합니다. 진로 성숙도와 전공 적합성은 비슷하면서도 다른 개념입니다. 전자

163

는 진로를 알아가는 과정에서 자신의 진로를 찾게 된다는 의미가 있습니다. 전공 적합성은 진로를 알아가면서 자신의 꿈과 끼 그리고 역량이 특정 분야에 적합하다는 느낌을 깨닫는 겁니다. 본인이 깨달으면 입학사정관들처럼 평가를 전문으로 하는 사람들도 자연스럽게 이해시킬 수 있습니다. 반면 본인이 자신의 진로에 확신을 못 하면 다른 사람에게도 확신을 주지 못합니다. 그래서 진로 계열의 책들이 중요합니다. 중학교 때부터 이들 책을 읽으면 눈앞에 닥친 고교 입시는 물론 대입에도 미리 준비하고 고등학교에서는 내신과 수능에 집중하는 시간을 마련할 수 있는 장점이 있습니다.

현실적으로 고등학생이 되면 책 읽는 시간이 부족합니다. 교과, 비교과 등 챙겨야 할 것들이 한두 가지가 아닙니다. 중학교 때 책을 읽어 두지 않은 것을 나중에 후회하는 일반고 학생들을 정말 숱하게 자주 보았습니다. 특목고나 자사고를 원하지 않는 학생들도 중학교 2학년 늦어도 중학교 3학년이면 대학 입시를 생각해서 진로 독서를 시작해야 합니다.

진로 독서라면 자신이 전공하고자 하는 분야의 개론서라든지, 대학교 1학년 전공 과정에서 배우는 책들을 선행해서 읽어야 하는 건가 생각할 수 있습니다. 그것은 일부 조급한 학부모들의 강박관념입니다. 그러나 이는 오해입니다. 전공서적을 중고생들이 미리 읽는 것이 아니라 전공에 대한 관심과 기초 지식을 늘려줄 일반 교양서를 말합니다.

진로 독서는 비문학 서적 위주가 되겠지만 비문학뿐 아니라 문학 작품들도 진로 독서가 될 수 있습니다. 예를 들면 카뮈의 《이방인》은 불어불문학과 희망 학생에게만 진로 독서로서 가능하는 게 아니라 의사, 신부, 기자들이 주요 인물로 나오는 캐릭터 설정 때문에 각각 의대, 종교학과, 신문방송학과의 전공 적합성을 키워 주는 진로 독서가 될 수 있습니다. 탁월한 상상력을 보여 주는 프랑스 작가 베르나르 베르베르의 작품은 소설이지만 신소재공학과, 항공우주공학과 지원 학생들의 자소서에 더 많이 언급됩니다. 일반 교양서나 자기계발서를 읽더라도 부분적으로 특정 대목에서 전공에 대한 관심과 열정을 찾아내서 이를 자기 발전에 적용하는 경우가 있습니다. 혜민 스님의 책《멈추면 비로소 보이는 것들》을 통해 진정 자신이 원하는 것을 발견해 서울대 자소서에 멋지게 지원 동기를 밝힌 이과 학생도 있습니다. 인간이 진짜 행복해지기를 바라며 휴먼 인터페이스를 공부하고자 산업공학과에 지원하게 된 경우입니다.

스토리 중심으로 몰입해서 읽기

진로 관련 독서를 할 때는 수능이나 내신을 위해 읽을 때와는 달리 스토리 중심의 읽기 전략이 필요합니다. 스토리든 인물이든 사건이든 몰입하면서 읽어야 합니다. 인물 중심의 롤 모델이 어떻게 성장했고 어떤 어려움을 만났으며 어떻게 어려움을 극복했고 그 과정에서 자신의 친구들을 어떻게 만들고 경쟁자나 적과는 어떤 관계를 이어 갔는지 그리고 성공한 다음에는 무엇으로 사회에 공헌했는지 등에 깊게 빠져 읽을 때 롤 모델의 삶이 나에게 진정한 영향을 미칠 수 있습니다. 이런 식으로 롤 모델의 삶을 스토리로 재구성해서 나의 현재와 비교해 보면서 자신의 꿈을 키워 갈 수 있습니다. 수능 공부를 위해, 교과 내신 성적을 위해 읽는 책들과 달리 진로 독서는 재미가 있어서 자동으로 몰입 독서가 가능합니다. 자신이 몰입이 안 되는 책이 있고 그 책들이 특정 분야에 쏠려 있다면 그 분야는 설사 자신이 지금 끌리는 중이라고 해도 정말 자신이 잘할 수 있는 분야인지, 자신에게 맞는 분야인지 따져 봐야 합니다.

기본적인 읽기법에는 소독素讀이 가장 필요합니다. 소독은 책을 읽고 나서 사색하는 시간을 갖는 것을 말합니다. 읽은 책을 떠올리면서 명상하는 순간이 포함됩니다. 책을 읽고 나서 독서 기록장을 쓰고 독후감으로 이어지는 독후 활동도 도움이 되지만 저는 산책을 권하겠습니다. 걸으면서 자신이 방금 읽은 책들을 곱씹어 보는 것이지요. 그러면 새로운 생각이 꼬리에 꼬리를 물고 이어지면서 다음에 읽을 책과 탐구할 분야까지 결정됩니다. 칸트를 비롯한 대부분의 철학자들이 사색의 시간을 갖기 위해 산책을 활용한 이야기는 유명합니다. 산책하면서 읽은 책을 떠올리고 생각하다 보면 자신을 변화시킬 수 있습니다.

소독과 함께 오독도 진로 독서에는 도움이 됩니다. 오독은 잘못 읽는다는 뜻의 오독이 아니라 깨달음의 독서, 읽은 것을 삶에 적용하는 읽기입니다. 한자어로 '悟讀'이라고 쓰지요. 깨달음은 결국 행동의 변화로 이어집니다. 앞에 서울대 사회학과 학생처럼 누구나 인정하는 주교의 삶이 자신에게는 의미 없는 활동이었다고 느끼는 것을 보고 자신이 당장 해야 할 일이 경제적 출세가 아니라 청소년참여위원회를 통해 사회를 변화시키기 위해 노력하는 것으로 바뀌게 됩니다. 이런 것들이 바로 오독의 좋은 사례입니다. 서울대 자소서 4번 문항은 책을 읽

166

고 나서 사색한 기록, 자기 삶에 적용한 결과를 쓰는데 오독을 실천하면 자연스럽게 쓸 수 있습니다.

진로 독서의 또 다른 읽기법은 반복 읽기입니다. 학생부종합전형에서 진로 성숙도와 전공 적합성은 일찍 보여 줄수록 유리합니다. 꿈이 확고하다는 것을 보여 주기 위해 한 권의 책을 여러 번에 걸쳐 반복적으로 읽었다는 것을 증명하는 것도 도움이 됩니다. 똑같은 책을 중학교 때 한 번, 고등학교 때 2번, 총 3번을 읽었다고 하면 첫 번째 읽기에서는 관심, 두 번째 읽었을 때는 그 길에 대한 확신을, 세 번째 읽었을 때는 여러 번 생각하고 고민해도 내가 나 스스로에게 내린 진단 및 해법은 역시 그 길이 맞다는 결론에 이르는 것이지요. 요즘처럼 전공 적합성을 중시하는 학생부종합 체제에서는 반복 읽기라는 방법을 통해서 정말 이 학과에 올 것이라는 믿음과 확신을 주는 것도 좋은 전략입니다.

진로 독서에서 마지막으로 권하고 싶은 독서법은 메모 독서법입니다. 3장에서 살펴본 서울대식 읽고 쓰기가 통합된 스터디 독서와도 유사한데요. 메모 독서는 구체적으로 독서록을 만들면서 진행하는 것이 아니라 책에 직접 메모를 하면서 읽어 나간다는 점이 다릅니다. 책을 읽은 날, 책을 다 읽은 날을 표시하는 것은 기본이고 책 넘길 때마다 "이 점을 본받자", "이것이 나에게 남은 마지막 숙제다" 등등의 메모를 남기면서 책을 읽는 겁니다. 메모하면서 책을 읽으면 책 내용이 좀 더 오래 기억됩니다. 책에서 배운 것을 적극적으로 실천하려는 자세 또한 늘어날 수 있습니다. 진로 독서의 지향점은 지행일치, 언행일치로 연결되는 만큼 메모 독서는 아주 효과적인 독서법입니다.

무엇보다 진로 독서는 나의 발전을 위해 읽습니다. 이 세상 모든 것은 변화하고 발전한다는 믿음을 갖고 책을 읽는 자세가 중요합니다. 일리노이대학 심리학과 캐럴 드웩 교수는 성장형 사고방식과 고정형 사고방식으로 아이들을 나누어 실험을 진행했습니다. 전자는 할 수 있다, 발전한다는 생각을 갖고 문제 해결에 임하는 학생들이고 후자는 안 된다, 어렵다는 생각에 빠져 있는 학생들입니다. 드웩 교수는 아이들을 테스트했는데 쉬운 문제에서는 비슷한 응답률을 보였지만 문제가 어려워질수록 성장형 사고방식의 학생들이 수행 실력이 좋았다고 합니다. 진로 독서의 최적화된 읽기법은 성장형 사고방식을 갖고 자기 성장의 도구로 책을 활용하는 것입니다.

각 학과별 전공 적합성을 키우는 독서 활용법

의학 계열: 의사 마인드를 키우는 책들

수시에서 의학 계열을 꿈꾸는 학생들은 2가지 특징이 있습니다. 일반고 내신 1등급 초반, 민사고 외대부속고등학교 같은 전국 단위 자사고나 과학고 내신 2등급 초반에서 3등급 초반(상위 1~20%) 사이의 극강의 내신 소유자라는 점과 봉사 활동, 동아리 활동의 비교과가 다른 계열 지원자들을 압도한다는 것입니다. 다들 내신이 우수하고 비교과가 좋기 때문에 당락은 다른 곳에서 결정될 때가 많습니다. 얼마나 의대에 맞는지 자신의 전공 적합성을 보여 주느냐에 달려 있습니다.

전공 적합성을 쌓는 데 가장 좋은 방법은 의사가 어떤 직업인지 그리고 어떤 자질과 마인드를 원하는지 책으로 파악하는 방법과 의대에서 무엇을 배우는지 알아가는 과정입니다. 의사의 마인드를 갖추기 위해서 가장 좋은 것은 좋은 의사의 자전적인 경험담을 읽는 것이고, 후자는 의대 교수가 쓴 입문서를 찾는 것입니다. 그러나 시중에는 전자는 많은데 후자의 책은 많지 않았습니다. 2018년에 출간된 《처음 듣는 의대 강의》(궁리)는 일반인과 청소년을 위해 쉽게 쓰인 의학 개론서입니다.

의학은 인간의 몸과 정신의 병을 다루는 곳입니다. 정신이 몸에 포함될 수 있는지에 대해서는 반론의 여지가 있지만 일단 인간의 몸에 대해서 알아야 합니다. 의학에서는 인간의 몸을 11계로 분류하는데요, 저자는 이 중에서 순환계, 호흡계, 비뇨기계, 소화기계, 내분비계, 신경계 등 6계에 대해서 설명을 시도합니다. 골격계와 근계가 빠져 있어 외과 쪽이 다뤄지지 않은 것이 아쉽지만 내과와 정신과 쪽 희망 학생들은 대학에서 무엇을 배우게 될지 자신의 적성이 어디에 있는지 쉽게 파악할 수 있도록 구성되어 있습니다.

이 책에서는 인체에 대해서 배우면서 의학 역사의 선구자들이 얼마나 노력했는지 그 과정을 엿볼 수도 있습니다. 인체 해설서인 동시에 의학의 역사서인 셈이지요. 다양한 병과 그 원인에 대한 과학적 설명도 들어 있습니다.

이 책을 읽고 나면 2가지 방법으로 독후 활동을 하기를 추천합니다. 한 가지는 수많은 그림 자료만 골라 읽으면서 그림에 대해서 말로 설명해 보는 시간을 가져 보는 겁니다. 책을 슬쩍 슬쩍 보면서 말해 보는 것도 괜찮습니다. 틀려도 괜찮습니다. 어차피 대학에서 배우는 내용들이니까요. 다음 한 가지 추천 독후 활동은 찾아보기에 적힌 인덱스에서 키워드를 찾아 그 내용을 정리해 본 뒤 해당 페이지를 찾아가 대조해 보는 것입니다. 말로 해 보고 글로 써보는 과정 속에서 습득한 지식들은 진정한 자신의 지식입니다. 이렇게 인풋input과 아웃풋output을 함께 한 지식들이 면접 때 자연스럽게 활용될 수 있습니다.

미국의 종양 의사이며 저술가인 싯다르타 무케르지의 《암》(까치)은 의사의 마인드를 갖추는 데 최고의 텍스트로 활용될 수 있습니다. '암' 전문의가 되어 아직 인류가 정복하지 못한 암과의 전쟁에서 승리하고 싶다는 학생들은 꼭 읽어보기를 권합니다. 역자가 밝힌 대로 생물학적 내용은 최대한 풀어 쉽게 설명하고 있으며, 수많은 문학 작품들과 역사서, 드라마, 영화들이 인용되고 있어서 인문학 책을 읽는 느낌이 듭니다. 좋은 의사는 인문학 마인드와 자연과학 마인드를 모두 갖춘 인재임을 제대로 보여 줍니다. 그의 또 다른 책 《유전자의 내밀한 역사》(까치)는 유전학의 역사서로 다윈의 《종의 기원》으로 시작해 골상학을 거쳐 나치의 우생학과 최근에 인기를 끌고 있는 후성 유전학까지 전방위적으로 다루고 있습니다. 이들 책들은 600페이지를 넘나드는 두께 때문에 한 번에 읽기는 어렵습니다. 반면 그의 다른 저서 《의학의 법칙들》(문학동네)은 100페이지 내의 가벼운 분량 때문에 한결 쉽게 읽을 수 있습니다.

저자에 따르면 의학은 과학 중에서도 가장 젊은 과학입니다. 의학도 과학인 이상, 다른 과학처럼 법칙이 있을까요? 법칙에는 예외가 없어야 하는데 사실 의학에는 너무 예외가 많습니다. 그것은 인간의 몸이 너무나 특별하기 때문입니다. 100명의 유방암 환자가 있다면 100개의 유방암이 존재한다는 말이 있을 정도로 병은 사람마다 다르게 전개되기 때문입니다. 그래서 무케르지는 첫 번째 법칙으로 예외가 더 중요한 법칙으로 법칙보다 의사의 직관이 너무나도 중요하다고 주장합니다. 제1법칙과 제2법칙, "강력한 직관은 미약한 검사보다 힘이 세다"와 "법칙을 가르쳐 주는 것은 예외들이다"는 이런 생각하에서 탄생한 것입니다. 제3법칙은 놀랍게도 과학자들이 가져서는 안 될 자세인 편향을 인정하고 있습니다. 의학적으로 완벽한 실험인데도 실제 어떤 환자에게는 죽음의 약이 될 수도 있습니다. 어쩔 수 없이 인간의 편향이 끼어들 수밖에 없다는 것이 법칙의 마지막을 장식합니다. 법칙 같지 않은 법칙입니다. 그의 책을 읽다 보면 의학의 법칙은 동시에 의학의 한계이기도 하다는 생각을 갖게 합니다. 인간이 완벽하지 못하기 때문에 인간에게는 병과 죽음이 존재할 수밖에 없다는 필연성을 느끼게 합니다. 프랑스의 철학자 장 자크 루소의 말대로 의사는 신(모든 생명에게 죽음을 명령하는)과 싸우는 사람들이죠.

자연 계열: 과학자의 생각법

자연과학 계열의 가장 큰 특징은 고등학교 때 배우는 과목들이 대학에서 배우는 과목과 바로 연결되어 있다는 사실입니다. 따라서 자연과학 계열을 희망하는 학생들은 교과와 연계한 수학, 과학 책들이 진로 적성을 보여 주면서 동시에 학업 역량을 보여 주는 기회가 됩니다. 수학과를 제외한 나머지 자연계열 희망 학생들은 과학 책들이 물리, 화학, 생명과학, 지구과학으로 나눠져 있어서 각 분야의 책들을 읽으면 지적 역량과 전공에 대한 관심을 동시에 보여 줄 수 있습니다. 물론 과학 전공자가 수학 책을 읽어도 전공 적합성을 보여 줄 수 있습니다. 생물 지원자라고 해서 생명과학 서적만 읽을 필요는 없습니다. 화학 책은 물론, 물리 책, 지구과학 책도 전공 적합성을 쌓을 수 있죠. 각개 격파 전략은 교과 연계 독서 편에서 사례를 확인해 보았으니 이번에는 과학은 물론 수학까지 포함해서 자연과학도들이 자연과학적 사고력을 키우고 전공 적합성을 동시에 보여 줄 수 있는 한 권의 책을 추천하겠습니다.

삼성의 이건희 회장이 극찬한 《생각의 탄생》(에코의서재)이라는 책으로 우리에게 친숙한 로버트 루트번스타인의 《과학자의 생각법》(을유문화사)입니다. 작가는 서문에서 이 책을 쓴 목적이 '실제로 일어나는, 수많은 사람을 연결한 과학적 사고 과정을 조명하고, 주관적이고 오류 가능한 인간 정신이 어떻게 과학처럼 강력한 존재를 만들 수 있는지 조사하는 것'이라고 밝혔습니다. 모든 과학도가 갖춰야 할 마음가짐을 보여 주기 때문에 이 책은 과학 서적이 아닌 과학에 대한 과학 서적이라고 부를 수 있습니다. 재미도 있습니다. 과학의 본질, 자연과학자의 자세 등에 대해서 학생들의 토론 소설 형식으로 쓴 책이기 때문입니다. 다만 700쪽으로 분량이 많기 때문에 한 학기 혹은 1년에 걸쳐서 천천히 음미하며 읽어야 할 책입니다.

이 책을 읽고 모든 자연과학도들이 갖추어야 할 전공 적합성을 키우기에 좋은 질문과 책이 제시하는 답을 한번 살펴볼까요?

과학은 무엇을 탐구할까요? 루트번스타인은 다음과 같이 답합니다.

"과학은 유형, 규칙, 인과적 행위자를 탐색해. 과학은 오직 신 같은 제일 원인이나 비인과적인 설명을 배제할 때만 진보할 수 있어."

그에 따르면 과학은 사실을 나열하는 게 중요한 게 아니라 그런 사실이 생기는 과정을 이해하는 게 중요합니다. 과학자는 흔히 발견하는 사람들이라고 하죠. 그렇다면 발견하는 과정이란 무엇일까요?

그는 이에 대해 발견은 무언가 새로운 사실을 보는 게 아니랍니다. 그게 무엇을 뜻하는 것인지 인식을 하는 거랍니다. 모든 사람이 보는 것을 보면서 아무도 생각하지 못하는 사실을 생각하는 것이 발견의 본질이죠.

발견은 우연히 이루어지는 걸까요? 아니면 계획적으로 이루어지는 걸까요? 저자는 이 쟁점에 파스퇴르의 다음과 같은 주장을 인용합니다. "관찰이란 분야에서 우연은 준비된 마음에만 온다." 우연은 없다는 말 같기도 하고 있다는 말 같기도 합니다.

저자는 모든 과학자가 놀이 게임을 즐긴다고 합니다. 책에서 자주 인용되는 4명의 과학자 파스퇴르, 플레밍, 아인슈타인 그리고 농담 잘하기로 유명한 파인만까지 대부분의 과학자들은 게임을 즐깁니다. 과학자인 루트번스타인도 그래서 과학을 게임에 비유합니다. 함축과 모순의 게임이라고 정의를 내립니다. 모순이란 일종의 오류로서 발견의 과정에서 불가피한 것으로 그는 이해합니다. 언뜻 모순으로 보여도 시간의 흐름에 따라 자연스럽게 정리가 되는 경우가 대부분이죠.

좋은 과학자가 되려면 무엇이 필요할까요? 예상했겠지만 질문 잘하는 법을 배워야 한다는 이야기로 귀결됩니다. 질문을 잘하려면 호기심을 갖고 끝없이 인과관계를 생각해야 합니다. 연관이 없어 보이는 것들에서 유사성을 찾으려고 노력하는 자세도 포함됩니다. 프랑스의 계몽주의 철학자 디드로는 이렇게 말했습니다. "생각은 서로를 일깨운다. 왜냐하면 생각은 언제나 서로 연결되어 있기 때문이다."

모든 과학자가 각각의 학문을 개별적으로 연구하더라도 결국에는 수렴되는 뭔가의 하나가 있습니다. 그것이 바로 과학인 거죠. 저자는 과학자가 되고 싶은 미래의 과학자들에게 다음과 같이 당부합니다. 제가 자연과학도들에게 해 주고 싶은 말도 바로 이 말입니다. 사실보다 더 중요한 것은 탐구입니다.

"해답은 시작일 뿐이다. 해답은 문제를 제기한다. 그게 바로 내가 찾는 것이다. 현재 있는 해답이 새로운 질문, 누군가가 발견한 새로움을 응용하는 가장 넓은 영역을 찾아라. 이는 결국 자연이라는 거대한 영역에서 정처 없이 헤매는 일을, 가능한 한 많은 수수께끼에 관한 지식을 요구한다. 우리가 가진 소중하지만 너무 제한된 통찰 말고, 우리를 당황스럽게 하는 문제를 토론하는 일에 더 많은 시간을 보내면 안 되는가? 과학에서 해결되지 않은 문제에 관한 지식, 그리고 그것이 문제라는 사실을 어떻게 아느냐에 관한 지식을 가르치는 일이 학생들의 머리에 욱여넣는 모든 '사실'보다 더 나은 교육이다. 우리에게는 탐구가 필요하다."

공학 계열: 공학자와 과학자의 차이

이과 진학을 희망하는 학생 중에는 자연과학 계열 지원자보다 수적으로는 공대를 희망하는 학생들이 훨씬 더 많습니다. 그 이유는 취업 때문입니다. 시쳇말로 엔지니어가 연구원보다 전망이 좋다는 겁니다. 그러나 실제로 많은 학생들이 공대에서 무엇을 배우는지 공학이 과학과 무엇이 다른지에 대해서 잘 모른 채 그냥 공대에 원서를 쓰는 경우가 비일비재합니다. 정시뿐 아니라 학종에 지원하는 학생 중에서도 의외로 많습니다. 저는 그런 학생들을 위해 두 권의 책을 추천합니다.

우선 공학은 과학과 무엇이 다를까요? 미국의 세계적인 공학자 헨리 페트로스키의 책 《공학을 생각한다》(반니)는 공대를 희망하는 이과생들에게 필독을 권합니다. 이 책은 과학과 공학의 차이를 실용적·철학적·역사적으로 접근하는, 깊이 있고 차원이 다른 책입니다. 아인슈타인과 미국의 유명한 전기공학자 찰스 스타인메츠가 함께 찍은 사진을 통해 공학과 과학의 차이(바꿔 말하면 공학자가 과학자들에게 느끼는 상대적 열등감) 등을 절묘하게 설명합니다. 그 내용을 간추리면 다음과 같습니다.

아인슈타인과 스타인메츠

"다른 여러 사진에서 스타인메츠의 모습은 (포즈를 취한 경우건 업무 중에 찍힌 경우건 간에)워낙 실력과 권위가 두드러져 보였기 때문에 선천적인 곱사등이며 구부정한 자세가 오히려 강조되지 않는 편이었지만, 아인슈타인과 함께 나온 사진에서는 이런 결점이 두드러져 보인다. 상대성 이론의 아버지는 키가 크고 격식을 차리고, 자신감 넘치는 모습으로 서 있는 반면, 그 옆의 공학자는 키가 작고, 구부정하며, 양손을 주머니에 넣고, 담배를 피우며, 인상을 잔뜩 찌푸린 모습이다. 심지어 이 사진에서 공학자는 양가적인 모습이기도 한데, 유명한 과학자 쪽으로 몸을 기울인 동시에 양쪽 팔꿈치로 상대방을 밀어내는 것처럼 보이기 때문이다. 두 사람의 부조화를 더욱 강조하는 것은 모자를 쓴 아인슈타인의 검정색 오버코트와 대머리인 스타인메츠의 밝은 색 양복인데, 이것만 보면 두 사람이 속한 계절마저 달라 보인다."

공학과 과학의 가장 큰 본질적 차이는 목표에 있습니다. 과학이 아는 것이 목표라면 공학은 하는 것이 목표입니다. 과학은 생각 그 자체에 관심이 있고 공학은 사물 그 자체에 관심이 있습니다. 그에 따라 과학자가 몽상가라면 공학자는 현실주의자에 가깝습니다. 문제가 발생하면 경고하는 사람들은 과학자고, 고치는 사람들이 바로 공학자죠.

저자는 "공학자들은 법칙 이론 같은 것에는 실은 별 관심이 없다"며 "공학은 과학보다 글쓰기나 그림 그리기에 가깝다"고 말합니다. 창의성은 어찌 보면 과학자보다 공학자에게 더욱더 필요한 것이라고 할 수 있습니다. 과학과 예술 사이에 공학이 있다고 생각하면 적절한 비유가 되겠습니다.

이 책을 읽은 다음에는 무엇을 해야 할까요? 공학에서 무엇을 배우는지 구체적으로 알아봐야 합니다. 많은 학생들이 《공학이란 무엇인가》(살림friends)를 읽고 자소서 지원 동기에 전공 선택의 계기로 씁니다. 공학을 전공하고자 하는 미래 공과 학생들과 공학이 어떤 학문인지 궁금해하는 이들을 위한 책으로 19명의 카이스트 교수들이 들려주는 이야기를 담고 있습니다. 전기전자공학에서는 무엇을 배울까요? 시스템 분야 및 나노 소자 및 전자기 분야로 나눠 제어 시스템, 반도체, 신호 처리 등의 과목을 배웁니다. 저자인 조동호 교수는 전기 및 전자공학은 우리의 일상생활과 늘 함께하고, 우리가 현재 직면하는 안전과 건강, 환경 및 에너지 문제 등을 해결해 가는 학문이라고 정의를 내립니다. 기계공학과는 어떤 학과일까요? 배종면 교수는 기계공학의 쓰임새에 대해서 이렇게 말합니다. "메카닉 월드는 오늘날 지구 그 자체이며, 기계공학의 범위에는 제한이 없다." 기계공학과는 전기 및 전자공학보다 더 창의성을 요구한다고 볼 수 있습니다. 디자인도 고려해야 하고 부분만 봐서는 안 되고 종합적인 설계 능력을 갖추어야 하기 때문입니다.

공학의 세부 분야에는 차이점들이 존재하지만 공통점이 있습니다. 세상을 바꾸고 변화시키며 미래를 새로 창조해 내는 것이 바로 공학의 역할이라는 것입니다.

상경 계열: 통계 마인드로 경제에 대한 자신의 관점을 보여 주자

경제·경영학과를 희망하는 문과생들은 어떤 책을 어떻게 읽어야 할까요? 경제경영의 기본이 되는 수학, 그중에서도 확률과 통계와 관련된 책들이 좋습니다. 어려운 수학 개념과 공식이 아니더라도 통계에 대한 관심과 마인드를 보여 줄 수 있는 책이면 좋고요, 통계 마인드와 함께 경제적으로 생각하고 사고한다는 경제 마인드를 동시에 보여 줄 수 있는 책이면 더 좋습니다. 출간 직후 일본 아마존 경제 분야 1위를 기록한 시카고대학 교수 이토 고이치로의 책 《데이터 분석의 힘》(인플루엔셜)은 두 마인드를 동시에 보여 줘 상경 계열 학생들의 전공 적합성을 키워 주는 책입니다. 현대는 빅데이터의 시대로서 4차 산업혁명에도 빅데이터가 핵심 역할을 합니다. 이 책은 빅데이터를 분석하는 계량경제학의 방법론들에 대해 수학적 공식과 계산을 전혀 사용하지 않고 언어와 도표로만 푼 쉬운 책입니다.

일본에서 태어나 미국에서 공부한 학자답게 미국과 일본의 사례를 들며 빅데이터를 멋지게 분석해 좋은 결실을 맺은 사례들을 보여 주며 통계와 데이터 처리에서 실수하기 쉬운 점들을 명쾌하게 설명해 나갑니다. 데이터 분석에 의거한 올바른 의사 결정과 동시에 누군가(주로 통계전문가)의 데이터 분석 결과에 속지 않는 방법을 동시에 제시합니다. 특히 단순한 상관관계를 인과관계로 보이려는 시도를 경계합니다.

자신이 추구하는 경제적 가치관은 프랑스 제8대학 질 라보 교수가 쓴 《경제학자들은 왜 싸우는가》(서해문집)입니다. 경제학자들은 만나기만 하면 싸웁니다. 물론 논쟁 없는 학문이 존재할 수는 없겠지만 유독 경제학은 심한 편입니다. 작가는 경제학을 불협화음의 학문이라고 묘사하기도 했습니다. 그들은 왜 싸울까요? 바로 관점이 다르기 때문입니다. 이 책에서는 그 관점을 표상이라는 말로 치환합니다. 어떤 경제학자는 경제라는 단어를 시장으로, 어떤 학자는 순환으로, 반면 권력으로 이해하는 사람도 있습니다. 마지막으로 사회와 자연을 묶어서 경제학의 외연을 넓히는 이도 있습니다. 각각 애덤 스미스, 존 케인스, 칼 마르크스, 칼 폴라니를 대표로 하는 세상을 움직이는 4가지 경제이론은 경제학이라는 나무의 네 줄기를 이루고 있습니다. 4가지 경제이론의 핵심을 파고들며 그 속에서 현재의 경제 위기 해법을 찾아내는 핸드북입니다. 이 책을 읽은 학생들은 자신의 입장이 어느 쪽에 속하는지 다른 입장을 비판하는 방식으로 서평을 써 볼 것을 권합니다. 학종은 물론 논술을 대비하는 데 도움이 되는 활동입니다.

사회 계열: 저자 중심 읽기의 힘

사회과학대는 사회학과를 비롯, 정치외교학, 신문방송학, 사회복지학, 행정학 등의 학과가 포진해 있습니다. 경제학과도 사회과학대에 포함되어 있는 경우가 있습니다. 대표적으로 서울대가 그렇습니다. 여러 가지 소양이 필요하겠지만 가장 필요한 것은 비판적인 시민의식일 것입니다. 서울대 사회과학대 홈페이지에 들어가 보면 단과대학 안내에 다음과 같은 문장이 있습니다.

"우리 사회의 긍정적인 변화는 독창적인 사고방식과 문제해결 능력과 더불어 공동체에 대한 책임의식을 갖춘 개인들로부터 출발합니다."

공동체에 대한 책임의식을 갖춘 개인을 바로 비판적 시민이라고 부를 수 있습니다. 사회과학대 지원자들이라면 자신이 비판적 시민이라는 것을 증명하기 위해 어떤 책을 읽으면 좋을까요? 가장 권할 만한 방법은 사회나 현실 문제에 비판적인 저자 중심의 책 읽기입니다. 한 저자의 책을 집중적으로 파고들면서 저자의 지식과 비판의식을 체화하는 방법입니다. 관심 저자의 책 읽기로 시작해서 차근차근 외연을 넓혀 가다 보면 다른 관점을 가진 저자들의 책에도 자연스럽게 손길이 갑니다. 비판의식에 균형감을 더한 인재로 성장할 수 있습니다.

다른 단과 대학 지원자들은 해마다 선호 서적이 바뀌는 편이지만 사회과학대는《왜 세계의 절반은 굶주리는가》의 장 지글러와《정의란 무엇인가》의 마이클 샌델의 책을 많이 인용합니다. 그중에서도 마이클 샌델은 전체 서울대 지원자들이 읽은 상위 20위 안에 두 권의 책(《정의란 무엇인가》,《돈으로 살 수 없는 것들》)이 올라가 있을 정도로 인기 작가입니다. 두 권의 책은 너무 유명하고 너무 자주 인용된 면이 없지 않지요. 공리주의 비판, '거의 모든 것의 상품화'로 요약되는 시장 만능주의 비판, 이에 따른 도덕 가치의 상실 등 대부분의 학생들이 비슷한 이야기를 합니다. 유전자 복제와 강화인간 등 생명공학의 핫 이슈를 다룬《완벽에 대한 반론》이나《생명 윤리를 말하다》 같은 책도 비교적 자주 언급되는 편입니다.

이왕이면 다른 지원자들과 차별화되는 책, 신간이어서 바쁜 대학교수들이 미처 못 읽었지만 제목과 저자 이름만으로도 호기심이 드는 책을 고르면 금상첨화입니다. 마이클 샌델의 최신작(중국 철학 전문가 폴 담브로시오와 함께 엮은 책입니다)《마이클 샌델, 중국을 만나다》(와이즈베리)는 사회과학대 교수의 관심을 끌기에 충분합니다. 슈퍼 파워로 부상하는 중국에 대한 관심이 높은데다 마이클 샌델은 중국을 어떻게 바라보고 있을지, 또 중국은 마이클 샌델을 어떻게 평가하고 있을지 궁금하지 않을 수 없습니다. 다만 지식인을 대상으로 쓴 책이고 논문 형식이라 중고생이 읽기에 쉬운 편은 아닙니다.

샌델은 최대다수 최대 행복을 주장하는 공리주의자들과 인간의 존엄성 측면에서 정의를 논하는 자유주의자 존 롤스를 동시에 비판하면서 유명해졌습니다. 그 자신은 공동체주의자로서 사회의 덕과 공동선을 추구했던 아리스토텔레스를 화려하게 부활시킵니다. 기존 정의론의 한계를 아리스토텔레스의 공동체주의 시각에서 비판합니다. 정의에 관한 이런 어려운 이야기들을 일상생활에서 도덕적 딜레마 상황을 제시해 쉽고도 재미있게 전하고 있습니다. 그런 그의 철학에도 당연히 한계가 있을 겁니다.

공동체주의 원조는 바로 중국의 유가 사상이라고 할 수 있습니다. 리첸양 싱가포르 난양 공대 철학 교수를 비롯해 중국 지식인들은 그의 정의 철학에 대체적으로 긍정적이지만 조화가 빠져 있다고 비판합니다. 유가적 견해에서 볼 때 샌델의 해결책은 개인의 인격과 반성에만 초점을 맞추고 있어서 여전히 개인주의의 한계를 벗어나지 못한다고 지적합니다.

"공동체 안에서 타자들과 조화를 이루는 것은 인간관계 형성에 서로 적극적으로 참여하는 것이며, 공동체 구성원으로서 우리의 정체성을 형성하고 또 새롭게 하는 것이기도 하다."

이런 비판에 샌델은 어떻게 화답했을까요?

샌델은 중국 전통을 만나기 전까지 조화가 사회적 삶의 제1 덕목이라고 생각한 적이 없답니다. 자신의 토론은 조화보다는 소란을 주로 일으키기 때문이라는 거죠. 서구식 불협화음과 불일치가 건강한 다원주의의 징표일 수 있으며 꼭 이기주의가 공동선을 이긴다는 것을 보장하는 것은 아니라고 주장합니다. 중국 학자들의 주장을 흥미롭게 경청하되 자신의 생각을 바꾸지는 않은 것입니다.

이 책에 실린 중국 학자들의 샌델에 대한 논문과 샌델의 책들을 읽고 학생들은 다음과 같은 쟁점들을 생각해 볼 수 있습니다.

'개인은 원자론적이고 자율적인가 아니면 근본적으로 사회적인가?'

'개인과 사회의 이익이 충돌할 때 항상 사회의 이익을 추구해야 하는가?'

'덕과 좋은 삶의 의미에 대해서 의견 일치를 보지 못하는 다원주의 사회에서 공동선은 어떻게 정의될 수 있는가?'

'정의란 반드시 공동체주의에서만 실현될 수 있는가? 개인주의 자유주의 틀 안에서 실현하는 방법은 없는가?'

'정의를 강조하다 보면 개인의 희생과 양보가 어느 정도 허용될 수밖에 없는데 그 기준과 한계는 어디까지인가?'

'전통적 동양 사회에서 공동체주의의 정의가 가족의 전통적 가치, 예컨대 효와 충돌할 때 무엇을 우선해야 하는가?'

'자유주의 개인주의 전통에서는 타인과 관계되는 행위가 아닌 자신에게만 영향을 미치는 행위에는 거의 절대적인 자유가 주어져야 한다고 주장한다. 그렇다면 이런 문제가 생긴다. 자살이나 마약 같은 행위도 허용되어야 하는가? 내가 자유주의자라면 어떤 반론을 펼 것인가?'

샌델은 쟁점만 알려 주지 정답은 알려 주지 않습니다. 정답을 찾기보다는 자신만의 생각을 정리해 볼 것을 요구합니다. 이런 쟁점에 대해서 진지하게 생각해 보는 것만으로도 비판적 사고력을 키워서 사회과학대가 원하는 비판적 시민임을 증명할 수 있는 길이 아닐까요?

인문 계열: 퇴근길 인문학 수업이 하굣길 인문학 수업인 이유

어문학, 철학, 사학, 종교학, 미학, 때로는 심리학을 포함한 인문 계열 지원자들은 어떤 책으로 전공 적합성을 드러내야 할까요? 인간에 대한 이해가 필수이므로 당연히 인문학 책입니다. 먼저 동서양의 고전 문학이 떠오릅니다. 헤르만 헤세, 도스토옙스키, 프란츠 카프카 등의 작품들은 30년 전 교수들의 청춘기에도 읽었고 요즘 학생들도 읽습니다. 논술이 강조되는 시기에는 철학 서적이, 역사 교육과 역사 인식이 강조되는 시점에서는 역사 서적이 인기를 끄는 경향이 있습니다. 인문학 지원자들은 문학, 역사, 철학을 읽는 것이 중요합니다.

인문학 지원자들이 전공 적합성을 마음껏 드러낼 수 있는 책으로, 서울경제신문 부설연구소인 백상경제연구원이 출간한《퇴근길 인문학 수업》(한빛비즈) 시리즈가 있습니다. 물론 이 책은 제목에서처럼 학생이 아닌 사회인, 직장인들을 겨냥한 책이지만 고등학생들 그리고 특목고를 준비하거나 독서력이 빠른 중학생들도 충분히 읽을 수 있습니다. 퇴근길 인문학 수업이 하굣길 인문학 수업으로 바뀔 수도 있는 거죠.

모두 세 권의 시리즈가 있고 한 권의 책에는 모두 4개의 대주제가 있습니다. 각각의 주제에는 3편의 소주제가 있고 소주제는 월요일, 화요일 하는 식으로 평일에 열리는 강연처럼 모두 5편의 글로 나뉘어 있습니다. 인문학이라는 학문 자체가 통합적이고 융섭적이기에 이 책에는 기존 문사철 외에 건축과 경제, 우주 등의 자연과학, 사회과학적인 주제도 포함하고 있습니다. 그렇지만 이들 주제를 바라보는 시각은 다분히 인문학적입니다. 경제와 건축을 역사와 연결시키거나 우주를 다룰 때 빛을 1인칭 화자로 내세우는 등 문학적인 기법을 사용하기도 합니다. 책은 강연 내용을 압축적으로 요약해 냈기에 빠르고 가독성 있게 읽힙니다.

고등학교 1학년부터 2학년 1학기까지 3년에 걸쳐서 차례차례 읽어도 좋고 한 학기에 몰아서 읽어도 상관없습니다. 인문학 전공으로 마음을 굳힌 시기에 이 책을 집중적으로 읽는다면 더욱더 자신의 동기를 어필할 수 있습니다. "학생이 이 책을 읽고 인문학에 관심을 가졌구나"라고요.

1권 멈춤 편에는 성균관대 초빙교수 안나미가 쓴 6강 '조선의 대중문화'와 이장후 박사가 쓴 11강 '철학하며 살아보기'의 글이 특히 읽을 만합니다. 추론적·비판적·사고력을 키워 수능 국어와 탐구 점수를 올리는 개념 독서에도 어울리는 내용입니다.

2권 전환 편에서는 아편 전쟁이 차 때문에 일어났다는 신정현 중국 차 전문가의 글이 학생들의 기존 고정관념을 전환시켜 줄 것 같습니다. 저자는 아편 전쟁뿐 아니라, 중일 전쟁 역시 차와 깊은 관련이 있다고 주장합니다. 국민당 정부는 소련에 차를 팔아서 군수용품을 구입했다고 합니다. 심리학 하면 프로이트와 융을 찾는 태도가 학생뿐 아니라 일반인에게도 엿보이는데, 성균관대에서 한문학으로 박사 학위를 받은 인하는 당나라 시인 유우석의 한시에서 현대인들이 충분히 힐링을 받을 수 있다고 합니다. 어떤 시일까요? "이 누추한 집에는 오직 나의 향기로운 덕이 있을 뿐이다"라는 내용에서 현대 심리학자들이 말하는 자존감이 이미 고대의 동양인들에게도 있었다는 흥미로운 내용을 전합니다.

인생에서 잠깐 멈추고 생각의 전환을 했다면 이제는 바른길로 전진

하는 것만 남았습니다. 3편 전진에서는 가장 어려운 창의력이 무엇인지에 도전하는 글이 실려 있습니다. 박원주는 창의성의 해답은 예술에 있다고 말합니다. 마르셀 뒤샹의 〈샘〉을 창의적으로 평가하는 이유를 논리적으로 분석합니다. 흔히 예술가들의 창의성은 예술가들의 노동에 의해서 탄생하는 것으로 알려져 있지만 뒤샹은 예술가들의 선택(누구나 다 아는 평범한 소변기를 사서 전시한)도 창작 행위일 수 있다며 상식과 질서를 교란시킨 결과 새로운 시대에 어울리는 창작 개념이 탄생했다고 봅니다.

이 시리즈는 순서대로 읽거나 완독해야 한다고 부담을 느낄 필요가 없습니다. 뷔페에 있는 모든 음식을 한 번에 다 먹을 수는 없는 법이니까요. 조금씩 조금씩 읽으면서 관심 가는 부분부터 읽다 보면 지식도 늘고 생각의 깊이도 융숭해질 수 있으니 그것이 최선의 독서법입니다.

사범 계열: 핀란드 교육에서 교사로서 적성을 찾다

사범대와 교대를 준비하는 학생들은 수시뿐 아니라 정시에서도 면접을 통해 교사로서의 인성과 적성을 평가받아야 합니다. 교사로서의 자질과 교육에 대한 철학과 가치관을 동시에 보여 주려면 어떤 책이 좋을까요? 한국 교육과 항상 비교되는 나라가 있는데 바로 핀란드입니다. 요즘은 너무 자주 인용돼 진부한 감도 들지만 여전히 교사가 되려는 이들은 핀란드 교육에 대한 관심이 높습니다.

핀란드 교육에 관한 수많은 책 중에서 교직 적성을 쌓는 데 가장 도움이 되는 책을 고르라면 이 두 권을 권하고 싶습니다. 한 권은 핀란드의 교사 양성 시스템에 관한 《핀란드 교사는 무엇이 다른가》(시대의창)이고 다른 한 권은 핀란드 교육의 특징을 언어, 문화, 역사, 경제, 민족성 등에서 거시적이고 종합적으로 접근하는 《최고의 교육은 어떻게 만들어지는가》(북하우스)입니다.

《최고의 교육은 어떻게 만들어지는가》는 한국에서 선생님으로 근무하는, 네덜란드 아버지와 한국, 러시아, 네덜란드, 영국 등에서 공부를 한 딸이 함께 쓴 책입니다. 《핀란드 교사는 무엇이 다른가》는 한국 교육과 가장 비슷한 일본의 교사 겸 교육 저널리스트가 쓴 책입니다. 먼저 《최고의 교육은 어떻게 만들어지는가》에서 사범대 지원자들에게 유익한 정보들을 골라보았습니다.

이 책의 출발은 핀란드 교육을 하나의 키워드로 정리하면서 시작합니다. 바로 평등입니다.

"핀란드에서는 대학교육이 무료입니다. 고등교육은 전액 정부 지원을 받죠. 따라서 출신 배경은 대학교육을 받을 기회에 아무런 영향을 주지 못해요. 능력이 있고 성적만 좋으면 누구든지 대학에 갈 수 있습니다. 사회에서 모든 사람에게 기회를 주는 거죠."

평등을 강조하는 핀란드 교육은 아주 뛰어난 1명의 천재를 만드는 시스템이 아니라 뒤처지지 않고 전반적으로 우수한 학생들 100명을 배출하는 시스템입니다. 미국과 정반대고, 한국과도 다릅니다. 이런 핀란드 교육을 지탱해 주는 힘이 바로 교사입니다. 핀란드의 모든 교사는 석사 학위 이상입니다. 핀란드에서는 최고 인기 직업이 교사입니다. 의사도 변호사도 그 밑이라고 합니다. 전문성을 인정받는 만큼 영향력도 큽니다. 초등학교 교사 출신으로 대통령에 오른 인물도 있고, 노벨 평화상을 수상한 인물도 있습니다. 핀란드 교육은 교과서 중심이 아닌 교사 중심입니다. 전문적 자율성을 인정받은 교사들이 최고의 프로그램을 만들어 내는 거죠. 교사가 되는 길도 우리보다 험난합니다. 석사 과정 중에 1년은 학교에서 실제로 수업을 훈련합니다. 우리나라 의대 인턴들이 대학병원에서 훈련받는 것과 비슷한 강도로 실무 교육을 받습니다. 두 사람이 한 팀을 이뤄 한 사람은 교사 역할, 한 사람은 학생 역할을 맡아 서로 피드백을 줍니다. 교사는 잡무로부터 해방되고 수업과 커리큘럼 개발, 새로운 수업 방식의 적용 등에만 집중할 수 있습니다. 이런 과정을 거쳐 탄생한 교사를 학부모가 신뢰하지 않을 수 있겠습니까? 이런 교사 양성 시스템을 교육학과나 사범대, 교대를 지원하는 학생들이 한국도 본받아야 한다고 주장할 수 있습니다.

한국에서는 경쟁을 중시하는 사회적 분위기와 수능 같은 전국적인 표준화 시험이 교육과정을 장악하고 있어서 핀란드 같은 교육을 실천하기 힘들다고 비판하면 더 높은 점수를 받을 수 있겠죠. 수능 내신 등의 평가 시스템은 어떨까요? 교육 관련 지원자들에게는 자소서를 통해서든 면접을 통해서든 발언할 가치가 있는 주제입니다.

흔히 핀란드 교육을 무시험의 나라, 등수 경쟁이 없는 나라로 오해하는데 실제 핀란드에서도 국가 단위의 평가 시스템이 있습니다. 국가 단위로 치르는 자격 시험에다 대학들이 자체적으로 치르는 시험까지 있으니 무시험 천국은 잘못 알려진 정보입니다. 다만 수능 같은 국가 단위의 표준화된 객관식 시험이 없을 뿐입니다. 대학 입학 자격 시험은 그동안 배운 지식을 활용해 논술식으로 의견을 쓰는 것입니다. 예를 들면 정치외교학을 지망하는 학생들에게 충분한 시간을 주고 '왜 중동 지역에서는 평화가 정착되기 어려운가'라는 주제로 에세이를 쓰게 하는 형식입니다. 프랑스의 바칼로레아와 비슷합니다.

핀란드 교육이 아무리 이상적이라고 해도 실제 학생들이 받아들이지 않았다면 그 이상은 결코 현실에서 구현되지 않았을 겁니다. 학생들의 학업 성취와 적극적인 참여를 위해 교사들이 들이는 노력이 뒷받침되어야 했을 겁니다. 《최고의 교육은 어떻게 만들어지는가》에서 한 교사의 증언은 얼마나 핀란드 교사들이 노력하는지 잘 보여 줍니다.

"훌륭한 교사는 자신의 과목을 사랑하고 학생들에게 지식을 효과적으로 전달하는 사람입니다. 이야기를 들려주거나 흥미로운 자료를 활용하는 등 나름대로 수업 방식이 있지요. 물론 지식을 무작정 주입하다가 학생들의 머릿속을 복잡하게 만드는 불쌍한 선생님들도 있지요. 수업이 지루하면 교실에는 수업 진행을 방해하는 학생들이 나타나게 마련이죠. 수업이 재미있어지려면 교사들이 먼저 열정을 가져야 해요."

우리와 달리 표현력이 그만큼 중시되는 교육이 바로 핀란드 교육인데, 수학 공부 시간에도 언어 능력을 키울 수가 있습니다. 문제를 푼 다음에 둘이서 짝을 이루어 답을 맞히도록 합니다. 서로 답이 다를 경우, "왜 이렇게 됐을까?"를 설명해 보도록 합니다. 논리적으로 정답인 이유를 설명해 보면서 자신의 논리적 사고력과 표현력이 동시에 길러집니다.

두 권의 책을 종합해 보면 핀란드 교육의 장점은 학생이 스스로 주제를 찾아서 스스로 배워가도록 돕는 데 있습니다. 답은 하나가 아니라 개인의 사고방식에 따라 무수히 늘어날 수 있다는 점을 핀란드 선생님들은 잘 알고 수업에 적용하고 있습니다. 교육은 가르치는 교사의 질을 절대 능가할 수 없다는 것을 두 권의 책은 잘 말해 주고 있습니다. 교대, 사범대 지원자들은 이 두 권의 책을 읽고 독후 활동으로 우리 교육이 배워야 할 점은 무엇인지에 대해 친구들과 그룹 토론을 해 보는 것도 좋은 방법입니다.

4차 산업혁명을 대비한
창의융합 독서

미래 생존을 위한 전략 독서

4차 산업혁명은 인공지능, 로봇기술, 생명과학, 빅데이터, 블록체인 등 첨단 정보통신기술이 경제와 사회 전반에 융합되어 혁신적인 변화가 나타나는 차세대 산업혁명을 말합니다. 가보지 않은 미래인 만큼 두려움이 큰 것은 사실입니다. 4차 산업혁명 시대를 살아갈 청소년들이 이에 대해 알아두고 대비하는 것은 당장 입시에 직접적 도움이 되지 않더라도 필요한 일입니다.

2015 개정 교육과정은 4차 산업혁명에 맞는 인재 육성을 목표로 합니다. 그만큼 창의융합 독서는 교과 독서의 연장으로 볼 수도 있고 창

의융합적 인재를 학종에서 선발하려는 대학들의 의도를 뒤집어 보면 학종을 위한 독서도 됩니다. 창의융합 독서는 단기적으로는 입시를 위한 실리적인 독서이면서 장기적으로는 생존을 위한 전략 독서이기도 합니다.

창의융합 독서는 무엇일까요? 방과후학교나 학원에서 창의융합 독서 수업을 할 때 제가 가장 먼저 하는 일은 학생을 파악하는 일입니다. 독서 성향과 지적 깊이를 동시에 알아보기 위한 과정이며 서로 친해지는 시간이기도 합니다. 첫 시간은 설문지를 작성하도록 한 뒤 학생들이 작성한 내용에 대해 제가 질문하며 공개 토론을 유도합니다. 제가 설문지에서 물어보는 항목들은 다음과 같습니다.

1. 독서란 무엇인지 자유롭게 정의를 내려 보세요.
2. 자신의 책 읽는 스타일에 대해서 자유롭게 말해 보세요.
   ex) 한 권을 여러 번 읽는 편이다, 같은 작가의 책을 연속적으로 읽는 편이다 등등
3. 자신은 문과나 이과, 혹은 어느 쪽도 아니거나 양쪽 모두에 해당하는 4가지 중에서 어떤 성향을 가지고 있는지 자신의 견해와 이유를 간단하게 쓰세요.
4. 지금까지 읽은 책 중에서 가장 인상 깊었던 책 한 권을 인용해 간단하게 자기 소개를 해 보세요. ex) 저는 세르반테스의 돈키호테와 같은 사람입니다. 그 이유는 ~입니다.
5. 내신 수능 비교과 이런 의무적 행동으로부터 자유를 얻어 내 마음대로 쓸 수 있는 시간을 얻게 된다면 무엇을 하고 싶은지 말해 보세요.

반드시 책 이야기가 아니어도 상관없습니다.

6. 가장 최근 학기를 기준으로 학교 수업 시간에 읽거나 학교 수업에 도움이 된다는 판단 아래 읽었던 책들을 생각나는 대로 과목명과 함께 기재해 주세요.

7. 창의성은 무엇일까요? 정의를 내려보고 그 기준에 의거해 자신에게 10점 만점에서 몇 점 정도 점수를 줄 수 있는지 말해 보세요.

8. 4차 산업혁명에 관한 책을 읽은 적이 있나요? 있다면 책 제목을 적어 주세요.

6번 질문은 5장에서 살펴본 교과 연계 독서와 관계가 있습니다. 실제 살아 있는 데이터베이스를 만들기 위해서 꼭 필요한 절차죠. 이 질문 중에서 3번과 7번, 8번이 창의융합 독서와 관계가 깊습니다. 저는 문·이과 구분이야말로 교육계에 남아 있는 전형적인 일제 잔재가 아닐까 생각합니다. 그러한 불합리한 구분 때문에 수학과 과학만 잘하는 이과생, 과학에 대해서 초등학생 수준의 지식에 머무르는 문과생들이 많습니다. 개정 교육과정에서 핵심은 문·이과를 뛰어넘는 융합적인 인재를 양성하는 것입니다. 대학이 문·이과로 나눠져 있기에 아직은 교육 현장에서 완전히 사라진 것은 아니지만 조만간 고교 교육 현장에서 문·이과 구분이 사라질 겁니다. 학생들 답변을 보면 자사고 그리고 상위권 학생일수록 자신을 문·이과 융합적이라고 생각하는 경우가 많다는 점이 눈에 띕니다. 7번은 당연히 어려운 질문이고요. 8번은 2017년 이래 대부분의 학생들이 뭔가를 적습니다. 문과 학생이든 이과 학생이든 최소한 1권, 많으면 10권 가까이 목록을 적어냅니다.

단연 자주 언급되는 것은 4차 산업혁명이란 말을 만들어 낸 클라우스 슈밥의 책들입니다.

《클라우스 슈밥의 제4차 산업혁명》(새로운현재), 《4차 산업혁명의 충격》(흐름출판), 《클라우스 슈밥의 제4차 산업혁명 THE NEXT》(새로운현재)가 있고 그 외 《제리 카플란 인공지능의 미래》(한스미디어), 《인간은 필요 없다》(한스미디어), 《알고리즘으로 배우는 인공지능, 머신러닝, 딥러닝 입문》(위키북스) 등의 인공지능 관련 책들과 《4차 산업혁명 시대 전문직의 미래》(와이즈베리), '4차 산업혁명과 미래 직업'(북카라반) 등 일자리 관련 책들도 자주 눈에 띕니다. 상경 계열 학생들은 비트코인과 블록체인에도 관심이 많아 《블록 체인 무엇인가》(이지스퍼블리싱)와 《비트코인 현상, 블록체인 2.0》(미래의창)이란 책도 종종 사례로 듭니다. 학생들의 4차 산업혁명에 관한 독서 경험을 큰 틀에서 보면 원론, 각론으로 나뉠 수 있고 원론은 슈밥의 책, 각론은 인공 지능, 미래 직업, 블록체인 순입니다. 그리고 빅데이터 관련 책이 4위 정도 됩니다. 주로 수학 관련 학과를 희망하는 학생들이 빅데이터 책을 읽죠. 국내 저자가 쓴 《통계학 빅데이터를 잡다》(한국문학사) 같은 비교적 쉬운 책들이 순위에 올라와 있습니다. 통계가 중요한 사회과학대 지원자들도 《빅데이터 4차 산업혁명의 언어》(학고재)는 충분히 읽어 낼 수 있습니다.

사실 2017년도 이후에 나온 책 중에서 4차 산업혁명과 무관한 책을 고르기가 더 어렵습니다. 관련 책들이 많이 나와 있어 좋은 책을 골라서 읽을 수 있습니다. 오히려 너무 많아서 무엇을 읽어야 할지 정하기가 어려운데, 몇 가지 책 고르는 기준이 있습니다.

1. 4차 산업혁명은 전 세계적인 현상인가? 아니면 한국만의 현상인가? 이 기준을 채우기 위해서는 한국 저자가 쓴 책 한 권과 외국 저자가 쓴 책 한 권 등 두 권 이상의 책은 읽어야 한다는 결론이 나옵니다. 가장 흔하고 일반적인 조합은, 슈밥의 원론에 한국 작가가 쓴 국내 현실을 반영한 책 한 권이겠지요.

2. 자신의 관심 분야 중에서 한 권을 고른다. 4차 산업혁명의 하위 디렉토리에는 다음과 같은 키워드들이 있습니다. 가상현실, 인공지능, 로봇, 빅데이터, 사물인터넷, 드론, 블록체인, 3D 프린터, 디지털 헬스, 클라우드 컴퓨팅, 자율주행차, 휴먼 바이오….
이 중에서 가장 마음에 드는(하고 싶은 전공이든, 개인적인 호기심이든) 키워드 하나를 골라 가장 많이 판매되는 교양서를 고른다.

3. 자신이 가장 잘 모르는 분야의 입문서를 고른다. 기준 2와는 반대로, 자신이 가장 관심이 덜한 영역 중에서 한 권을 골라 읽습니다. 자신이 부족한 영역의 지식과 소양을 키우는 겁니다.

창의융합 독서의 힘

제가 창의융합 독서 수업을 하면서 문과와 이과의 생각 차이를 느꼈습니다. 아직 문과와 이과로 나뉘기 전의 학년이라면 어느 쪽이 자신에게 맞을지 결정할 때 참조해도 좋겠습니다.

'지식의 (　　　)'에 이어질 말을 맞혀 보세요.
문과 답변 : 깊이

이과 답변 : 진화

'사고의 (   )'에 이어질 말을 맞혀 보세요.

문과 답변 : 확장

이과 답변 : 축적

정말 놀라운 차이더라고요. 이렇게 다르게 생각할 수 있구나. 화성에서 온 문과, 금성에서 온 이과라고 해야 할까요. 문과는 지식의 깊이를 추구하는 학문입니다. 이과는 지식의 진보, 소위 진화를 추구하는 학문이죠. 문과는 새로운 사고로 확장하고 전이되는 과정에서 창의성을 느끼고 발전하고 변화하는 자신을 발견합니다. 이과는 확장도 하지만 축적을 시킵니다. 계속해서 축적하다 보면 어느 순간 양질 전화의 법칙(양의 축적이 질로 전화한다)에 따라 질적인 도약을 이루는 단계가 있는데 이때 자신이 그만큼 진보했다고 느끼게 됩니다.

생각과 진리에 대한 접근에서만 차이가 나는 게 아닙니다. 문과 학생들은 미래보다는 현재의 문제, 그 문제의 기원이 되는 과거에 집중하는 경향이 있습니다. 현재로 시작해서 과거로 역주행을 하는 거죠. 그러나 이과생은 다릅니다. 현실의 문제(문과생은 사회적 문제, 이과생은 기술적 문제)에서 미래로 나아갑니다. 어떻게 하면 고칠 수 있을지 미래로 시선을 고정합니다. 그래서 저는 문과생들이 자연과학과 공학 책을 읽어서 자신의 관심을 조금 더 미래 지향적으로 만들 수 있도록 도움을 줍니다. 반면 이과생들은 역사 문제에 관심을 갖게 합니다. 이 경우, 사회적 책무감이나 자신이 발견 혹은 발명하고자 하는 과학 기술의 효용성에 더 많이 신경을 쓴다는 장점이 있습니다.

로스쿨에 진학해 검사가 되고자 하는 한 학생이 창의융합 독서 토론 수업 중에 했던 말이 있습니다. 4차 산업혁명에 대한 정의와 자신의 관심 분야가 인공지능에 의해 대체될 수 있는지에 대해 견해를 밝히는 수업이었습니다.

"4차 산업혁명은 정보통신기술이 융합적으로 급속하게 발달하는 것이라고 정의를 내리고 싶습니다. 인간 생활을 편리하게 해 준다는 것이 가장 큰 장점입니다. 생물학 기술의 발달은 수명을 연장시키고 인간들이 정확하고 질 좋은 정보를 접할 수 있도록 도와줍니다. 4차 산업혁명=인간의 생활 편리화라고 이해해도 무방합니다.

반면 인간의 존엄성에서는 부정적 측면이 예상됩니다. 인간보다 어느 분야에서나 인공지능이 더 강하고 잘합니다. 알파고가 이세돌을 이겼듯이 말입니다. 가장 뛰어난 두뇌 스포츠 바둑에서 인간의 실력이 인공지능에 비해 낮다는 이야기는 인간의 능력이 그만큼 떨어진다는 뜻으로 실력으로 인간의 본질이 평가를 받는 상황에 처하게 된다면 존엄성의 위기가 올 수 있다고 생각합니다.

저의 꿈은 검사인데 검사는 설득을 위한 언어능력, 사회학 기술이 필요합니다. 두 가지 기술은 인공지능보다 인간이 더 잘할 수 있는 영역이지요. 법률 판단에서는 객관성이 요구되기 때문에 그 부분에서는 인공지능이 강점을 보일 수는 있지만 신뢰는 컴퓨터의 판단보다 따뜻한 인간의 판단을 더욱 신뢰할 가능성이 높습니다. 따라서 법조계는 인공지능으로 100% 대체될 수 없습니다."

한 이과 학생은 다음과 같이 말합니다.

"저는 4차 산업혁명을 긍정적으로 보고 있습니다. 빠른 속도로 변화가 일어나는데 따라가기 힘들 정도입니다. 개도국은 그동안 선진국을 좇기 위해 노력했고, 아직은 4차 산업혁명에서 선진국과 개도국 간의 차이가 그리 크지 않는 상황에서 그들을 따라잡을 수 있는 절호의 기회입니다. 4차 산업혁명은 못 사는 나라에게 터닝 포인트가 될 수 있습니다.

가장 큰 단점은 교육입니다. 교육이 변화를 못 따라간다는 거죠. 특히 입시에 갇혀 있는 한국 교육은 4차 산업혁명에 가장 안 좋은 장애물입니다.

저는 의공학자가 꿈으로 3D 프린팅에 관심이 많습니다. 3D 프린터로 세포를 배양하고 바이오 장기를 만들어 내 인공 장기 시장을 비약적으로 발전시킬 수 있습니다. 다만 구글 글래스를 오래 이용하다 보면 주의력 결핍 장애 같은 질병이 생겼듯이 이와 비슷한 새로운 질병이 생길 것 같습니다."

문과생에게는 좀 더 미래를 바라보는 시간이 되었고 이과생에게는 자신의 견해를 말로 잘 표현하는 훈련의 시간이 되었습니다.

어떤 책으로 시작할까

4차 산업혁명 하면 클라우스 슈밥의 책으로 시작할 것 같지만 저는 창의융합 독서의 첫 수업은 《데미안》으로 합니다. 함께 읽으며 자신의 정체성을 먼저 알아가는 여행을 합니다. 자신을 알아야 4차 산업혁명이 무엇인지 인지하고 어떻게 대응해야 하는지 전략을 짤 수도 있기 때문입니다. 그다음으로 자아 찾기와 4차 산업혁명 실체 찾기 사이에 있는 과정이 타자에 대한 이해입니다. 다른 사람들과 공감하는 방법은 4차 산업혁명뿐 아니라 창의융합 인재로 성장하는 데 무엇보다 중요한 자질입니다. 저는 학생들의 공감 능력을 키우기 위해 지금까지 이 책을 가장 많이 수업 교재로 활용했습니다. 의대, 공대, 인문대, 경영대 등 거의 전 계열의 학생들과 한 번 이상 수업을 해 본 것 같습니다. 모두를 만족시킨 거의 유일한 책이 빅터 프랭클의 《죽음의 수용소에서》(청아출판사)라는 책입니다.

빅터 프랭클(1905~1997)은 잘 알려진 대로 유대계 오스트리아 인으로 아우슈비츠 수용소에서 살아남았던 정신과 의사입니다. 프로이트와 아들러와도 친분이 두터웠고 고등학교 졸업 논문을 프로이트가 극찬했을 정도로 일찍부터 천재성을 발휘했습니다. 나이가 한참 위인 아들러와는 강연도 같이 다니며 서로가 서로에게 영향을 준 스승이면서 제자인 관계였습니다. 30대 초반에 프로이트와 아들러 급의 학자로 성장했기에 국제적 명성도 자자했습니다. 38년 독일과 오스트리아 합병 당시 미국 대사관에서는 비자를 내주겠다며 망명을 권유했지만 거부했습니다. 그러나 그 대가는 너무나 혹독했습니다. 나치는 우선 그의 첫 번째 아이를 강제로 낙태시킵니다. 그리고 그와 그의 가족 전부를 아우슈비츠 수용소에 집어넣고 한 명 한 명 차례차례 죽입니다. 자신을 제외한 모든 가족이 가스실에서 처형당하는 것을 지켜봐야 했습니다. 특히 어머니의 죽음이 너무나 극적이었는데요. 어머니는 아우슈비츠 수용소 처형장이 문 닫는 날 마지막 순서로 죽었습니다. 하루만 버텼어도 살 수 있었다는 소식을 나중에 들은(빅터 프랭클은 의

사였고 독일에 있는 수용소에 장티푸스가 퍼져 의사가 부족한 나치는 막판에 그를 독일 지역 내 다른 수용소로 옮기는 바람에 살 수 있었고 어머니의 죽음을 독일 패망 후 나중에 들었죠.) 그는 죽음의 수용소에서조차 생각해 보지 못했던 삶의 끝, 자살을 생각할 정도로 격렬히 슬퍼했습니다.

그럼에도 불구하고 그는 놀라운 말을 했는데요. 독일인을 미워하지 않는다는 겁니다. 히틀러가 밉지 독일인이 밉지는 않다는 이야기입니다. 그는 악한 인간(히틀러)은 있어도 악한 민족이 따로 있는 것은 아니라고 합니다. 그러면서 이렇게 말했죠. 어떤 인간도(유대인이건, 아리안 족이건) 개인적 정체성을 갖고 태어나는 것이지 민족적 정체성을 갖고 태어나는 것은 아니다. 한 인간은 민족이나 인종이 아닌 오직 한 개인으로서만 평가를 받아야 한다고 주장합니다. 삶의 의미, 실존적 공허, 역설 의도, 로고테라피 등 그의 핵심 개념 그리고 자신이 처한 상황에서 어떤 태도를 취할지에 관한 자유는 그 누구도, 심지어 신조차도 빼앗을 수 없다는 주장에 대해 학생들 대부분이 공감을 합니다. 하지만 이 민족적 정체성과 개인적 정체성에 관한 논쟁은 대개 5 대 5로 나뉩니다. 개인적 정체성이 물론 중요하지만 민족적 혹은 국가적 정체성을 무시할 수 없다는 주장을 펴는 학생들도 꽤 많았습니다.

이 쟁점 토론에서 저는 중립이었지만 사실 저 역시 그의 입장을 지지하는 편입니다. 그에 따르면 각각의 개인을 구별하고, 존재의 의미를 부여하는 것은 인간의 독자성과 유일성입니다. 인간이 창조적일 수 있는 이유는 각자에게 부여된 독자성과 독자적인 인간을 사랑할 수 있는 능력 때문입니다. 이 세상 그 어느 것도 자신의 존재를 대신할 수 없습니다. 존재의 의미, 즉 '왜' 살아야 하는지를 아는 인간은, 그래서 그 '어떤' 어려움도 견뎌낼 수 있습니다.

저도 그처럼 민족적 정체성뿐 아니라 모든 집단적 정체성에 대해서 부정적입니다. 그는 연설 중에 민족적 정체성을 강조하는 분위기 속에서 홀로코스트는 어떤 민족에서도 일어날 수 있다고 주장하기도 했습니다. 그의 주장을 뒷받침하는 대표적인 실례가 2차 세계대전 기간에 또 일어났습니다. 역사는 반복됩니다. 피는 피를 부른다는 진리를 다시 한 번 확인하게 된 계기가 되었습니다. 사람들은 구 유고슬라비아 지역에서 세르비아계에 의해 자행된 코소보 보스니아 민간인들(주로 이슬람교를 믿던)에 대한 인종 청소에 분개했습니다. 클린턴 정부 시절 나토는 군사 개입을 했습니다. 그러나 2차 세계대전 때는 가해자와 피해자가 반대였습니다. 1943년 최초로 비아라인 족 SS 친위 부대가 탄생합니다. 보스니아 이슬람교도로 구성된 독일 용병부대 제13 친위산악사단 한트샤르입니다. 그들은 2차 세계 대전 막판에 독일군 군복을 입고 티토가 이끌던 유고슬라비아 민병대와 싸웠습니다. 이들은 민병대뿐 아니라 세르비아계 민간인들을 닥치는 대로 학살했는데요. 심지어 살아 있는 사람의 심장을 도려내기까지 했습니다. 이를 지켜보는 독일 SS가 말렸을 정도예요. 개인이 아닌 민족으로 상대를 바라볼 때 평범한 개인이 얼마나 극단적이고 악마적으로 변할 수 있는지 역사는 말해 줍니다.

이 책은 명문장으로 이뤄져 있어 반짝반짝 빛이 납니다. "이 세상에는 결코 신도 빼앗을 수 없는 자유가 있다. 이것은 내가 처한 상황에서 내가 운명에 어떻게 대처할지 대하는 태도다." 빅터 프랭클에게는 히틀러도 하느님도 빼앗을 수 없는 인간의 자유의지가 있었습니다.

한 학생은 이렇게 말합니다.

"아우슈비츠를 보면 신은 존재하지 않는다. 인간이 모든 책임을 져야 한다. 인간이 책임을 져야 하듯이 결정할 자유가 있다."

이에 다른 학생이 반박합니다. "신조차 빼앗을 수 없는 자유는 없다. 나는 기독교인으로서 그것만큼은 동의하기 어렵다. 어떤 상황이든 그 상황이 주어진 데에는 다 이유가 있다. 그게 신의 뜻이다. 태도 역사 신의 의지가 결정하는 것이다."

둘 다 일리가 있는 주장입니다. 공감 능력과 함께 논리력을 키워 주는 이 책으로 아이들이 책에 몰입하게 한 후 《클라우스 슈밥의 제4차 산업혁명》의 비판적 읽기에 들어갑니다.

《클라우스 슈밥의 제4차 산업혁명》 비판적 읽기

《데미안》으로 자아 찾기, 《죽음의 수용소에서》로 타자 이해하기를 마쳤으면 세계로 시선을 돌려 제4차 산업혁명으로 들어갑니다. 지금 세상을 이해하는 데 이 책만큼 좋은 텍스트는 없죠. 클라우스 슈밥에 따르면 4차 산업혁명은 물리학 기술과 디지털 기술과 생물학 기술이 만나는 교차 지점에서 발생합니다. 물리학에서는 로봇 공학, 자율주행차 같은 무인 운송 수단이 진행되고, 디지털 분야에서 4차 산업혁명을 주도하는 쌍두마차는 사물인터넷과 블록체인 기술이죠. 생물학 분야는 합성 생물학과 유전공학이 이끌고 있습니다. 그렇다면 여기서 우리는 비판적인 시선으로 질문할 수 있습니다. 4차 산업혁명의 세부 기술들은 전부 기존에 있던 기술인데 이들을 묶어 4차 산업혁명이란 말로 부를 수 있는가?

흔히 4차 산업혁명을 이야기할 때 그 출발을 미국의 미래학자 제레미 리프킨의 《한계비용 제로 사회》에서 찾는 전문가가 많습니다. 사실 3차 산업혁명이란 단어를 처음 쓴 이도 리프킨이었습니다. 4차 산업혁명의 핵심인 인공지능, 빅데이터, 사물인터넷, 공유경제 중 뒤에 2개는 리프킨이 이 책에서 강조한 것들입니다. 클라우스 슈밥은 리프킨의 《한계비용 제로 사회》에 이세돌을 이긴 알파고의 인공지능을 합쳐 4차 산업혁명이란 그럴듯한 단어로 포장한 거죠. 인공지능이나 빅데이터도 이미 2016 다보스 포럼 이전에 존재해 있었던 기술이라고 봐야 합니다.

2차 산업혁명은 자동차, 3차 산업혁명은 인터넷이라는 결정적으로 새로운 무언가가 있었는데 4차 산업혁명은 그렇지 않다고 비판할 수 있습니다. 이에 대해 슈밥은 동문서답하듯 속도와 파급력을 이야기합니다. 그래서 한국 사회가 실체도 없는 허상에 호들갑을 떨었다는 일부의 비판은 어느 정도 설득력이 있습니다. 실은 4차 산업혁명이란 용어를 그대로 쓴 나라도 한국뿐입니다. 그와 비슷한 용어는 슈밥의 고향 독일에서 있었죠. 인더스트리 4.0입니다. 슈밥이 세계는 지금 4차 산업혁명 중이라고 다보스 포럼에서 주장했을 때 다른 나라들은 슈밥의 주장을 인용했을 뿐, 그 용어 때문에 나라 전체가 들썩 거릴 정도로 흥분하지는 않았습니다.

4차 산업혁명이 실체가 있든 없든, 중요한 것은 그의 메시지입니다. 변화의 속도가 무척 빠르고 적응하지 못하면 도태되기 쉽다는 그의 주장에는 모두들 공감합니다. 다보스 포럼에서 예측한 미래에 사라질 직업과 살아남을 직업이라는 보고서에도 상당 부분 공감합니다. 4차 산업혁명이란 용어 때문에 그 엄청난 변화를 외면하거나 굳이 부정할 필요는 없습니다. 그래서 저는 학생들에게 이렇게 말합니다. "용어가 중요한 것이 아니다. 너희가 졸업 후에 만나는 세상은 지금과 확실히 다를 것이다. 특히 직업이 달라질 것이다. 어떤 직업은 사라지고 어떤 직업은 혜성처럼 등장할 것이다. 그 미래를 읽을 수 있도록 지금부터 준비하라." 가장 좋은 해답은 책 속에 있다고 가르칩니다. 물론 그 책이 꼭 슈밥의 책이거나 4차 산업혁명이 제목에 들어가야만 미래를 준비할 수 있는 것은 아닙니다. 고전 속에서도 미래를 헤쳐나갈 지혜를 얻을 수 있습니다. 이런 말도 있습니다. "빠른 것은 좋은 것이다. 하지만 어리석으면서 빠른 것만큼 위험한 것은 없다." 책을 읽고 똑똑해지면서 스스로 자율적으로 빨라지면 됩니다. 그것이 미래를 바라보는 통찰력이죠.

슈밥의 책이 비판받아야 할 요소는 용어 때문만이 아닙니다. 기업인의 시각에서 바라본다는 한계를 비판할 수 있습니다.

4차 산업혁명이 성공하기 위해서는 다양한 관점을 포용하고 변화 도중에 발생할 실수에 대해서 허용할 수 있는 사회적 분위기를 조성해야 합니다. 그게 바로 정부의 몫입니다. 4차 산업혁명의 제반 기술들은 이과 공대에서 주도하겠지만 이 갈등 조정 역할은 문과 학생들에게 주어질 기회입니다. 그래서 이 책은 문과 이과 모두에게 필요한 창의융합 도서입니다.

《4차 산업혁명과 빅뱅 파괴의 시대》 비판적 읽기
세계와 만난 학생들은 이제 무엇과 만나야 할까요? 우리의 미래와 관련한 주제입니다. 학생들은 나의 미래만이 아닌 한국의 미래, 한국 미래의 먹거리, 성장 동력에 대해서 같이 고민할 필요가 있습니다. 학생들과 함께 독서 토론을 한 책은 《4차 산업혁명과 빅뱅 파괴의 시대》(한스미디어)입니다. 이 책은 4차 산업혁명의 로봇, 인공지능, 인공 감성, 가상 현실, 자율주행차, 드론, 사물인터넷, 공유경제, 핀테크, 바이오 헬스, 디지털 헬스 케어, 스타트 업 등 12가지 키워드에 대해서 한국의 전문가들이 세계 수준과 한국의 현재 수준을 비교하며 발전 방향을 논한 책입니다. 이 책과 함께 정부의 보도자료를 같이 활용하는 수업을 했습니다. 문재인 정부의 4차 산업혁명 대비책은 잘 아는 대로 I-코리아 4.0으로, 모두가 참여하고 모두가 누리는 사람 중심의 4차 산업혁명을 지향합니다.

학생들은 대한민국의 미래에 대해 어떤 생각들을 갖고 있을까요?

한 문과 남학생은 스타트업이 가장 중요하다고 꼽았습니다. 4차 산업혁명을 실현시키는 주체는 결국 기업일 수밖에 없고 기존의 대기업들이 아닌 벤처 기업들에서 창의적이고 새로운 생각들이 구현될 가능성이 높다는 것입니다. 대한민국의 발전은 4차 산업혁명의 11가지 기술을 구현할 스타트업 기업에 의해서 좌우될 수밖에 없다는 논리는 필연적으로 정부의 역할에 의문을 제기할 수밖에 없습니다. 그래서 그 학생은 문재인 정부의 I-코리아 4.0에는 스타트업 기업들에 대한 이야기가 없다는 것을 아쉬움으로 지적합니다. 돈과 사람이 모이는 곳에 정부가 더욱더 관심을 가져야 한다는 것이지요. 지금 정부 안은 사회 균형 발전과 사회적 약자의 이익과 공익성을 내세우는 측면이 너무 강하다 보니 간과되고 있는 것이 벤처 정신, 창업가 정신이라는 예리한 비판을 했습니다.

한 이과 여학생은 대한민국의 미래를 책임질 기술 1순위로 인공 감성을 꼽았습니다. 지금 4차 산업혁명이 진행되면서 사람들의 가장 큰 걱정은 앞으로 여러 직업이 사라지고 새로운 직업이 만들어진다는 불확실성과 불안감이랍니다. 특히 고 위험군 직업군에 속한 사람들이 받는 스트레스가 크죠. 점점 더 스트레스를 받는 사람들이 늘어날 것입니다. 그때 인공 감성 기술이 있으면 사람들이 새로운 기술에 더 공감하고 자신의 미래에 대해서 덜 불안해할 수 있다는 논리를 폈습니다. 인공 감성 기술을 채택한 로봇들은 왠지 사람들의 말을 더 잘 들어주고 사람들을 더 좋아할 것 같다는 겁니다.

저는 당연히 4차 산업혁명의 기반 기술인 인공지능이나 사물인터넷에 투자해야 한다는 생각들을 학생들이 밝힐 줄 알았는데 뜻밖이었습니다. 물론 기반 기술이 중요하겠지만 더 중요한 것은 그 기술 뒤에 숨어 있는 인간의 정신이나 그것을 구현하는 사회적 분위기임을 학생들은 알고 있었던 거죠. 학생들이 담당 기술을 개발하는 엔지니어들, 아니 공대생만 되어도 이런 대답들을 하기는 어려웠을 겁니다. 자신의 영역에 갇혀 있지 않고 벗어날 때 창의적이고 융합적이 될 수 있음을 저는 이 수업을 통해서 확인할 수 있었습니다.

수업을 마치면 저는 학생들에게 지금까지 읽은 4차 산업혁명 책들과 기사들을 바탕으로 일종의 공동 선언문을 작성해 보는 시간을 갖습니다. 학생들은 4차 산업혁명에 대해서 우리 모두가 해야 할 일들을 다음과 같이 5개로 요약해 냈습니다. 학생들이 참으로 교육에 관심이 많다는 사실을 알 수 있었습니다.

1. 4차 산업혁명이 제대로 구현되려면 한국 사회 교육이 바뀌어야 한다. 코딩 교육의 의무화도 중요하지만 자연과 생활 환경 속에서 인간과 자연을 이해하는 방향으로 교육의 무게중심이 이동해야 한다. 그래야 인간적인 기술이 개발될 수 있다.

2. 학교 수업뿐 아니라 모든 학교 교과 과정에서 커뮤니케이션 기술이 강조되어야 한다. 인간과 인간의 커뮤니케이션이 원활해야 인간과 로봇, 인간과 인공지능, 인공지능과 인공지능 간의 원활한 소통으로 이어질 수 있다.

3. 4차 산업혁명의 근간은 초연결이다. 결국 사물인터넷이 모든 기술의 핵심 칩을 차지할 수밖에 없다는 점을 인정해야 한다. 하지만 정말 중요한 것은 어떻게 연결시킬 것이냐의 문제가 아니다. 왜 연결해야 하는지가 더 중요하다. 이 질문에 대한 정확한 답변이 새로운 방식으로 문제를 해결하는 패러다임의 전환으로 이어질 것이다.

4. 자율주행차, 드론, 3D 프린터 등 4차 산업혁명의 제반 기술들은 늘어나는 사용자의 시공간을 보장한다. 그만큼 인간은 자유로워질 수 있다. 늘어난 시공간에서 무엇을 해야 할지를 지금부터 고민해야 한다.

5. 공유경제, 핀테크를 비롯해서 경제의 패러다임은 소유 대신 접근으로, 자본 중심에서 사람 중심, 지역 중심으로 이동할 것이다. 패러다임의 이동이 이루어진다면 4차 산업혁명은 기술을 위한 4차 산업혁명이 아니라 인간의 삶을 풍요롭게 해 주는 방향으로 발전할 것이다.

창의융합 독서 방법

창의융합 독서에는 어떤 읽기 전략이 필요할까요? 국어·영어·수학 등 과목별 독서가 아닌 주제별 독서가 되어야 한다는 건 충분히 이해했을 것입니다. 그렇다면 주제별로 어떤 독서법을 사용하면 될까? 그 해답은 '통합적 읽기'와 '창의적 읽기'가 될 것 같습니다.

먼저 통합적 읽기에 대해서 알아볼까요. 통합적 읽기는 같은 주제에 대하여 두 권 이상의 책을 동시에 읽어가는 독서법으로, 미국 최고의 독서 전문가 모티머 J. 애들러가 말하는 독서의 4단계 중 마지막 단계입니다. 통합적 읽기는 모두 4단계로 구성되어 있습니다.

첫 단계는 내가 관심 있는 주제와 키워드를 고르는 일입니다. 두 번째는 키워드에 대한 저자의 해답을 찾는 것입니다. 세 번째는 저자의 해답과 자신의 생각을 비교하는 단계입니다. 마지막으로 자신이 배운 내용을 통해 자신의 잘못된 편견이나 고정관념을 바로잡는 일입니다. 저는 여기서 한 걸음 더 나아가 같은 주제에 대하여 두 권 이상의 계열이 다른 책(예를 들면 한 권은 생물학, 한 권은 철학)을 읽을 것을 권장합니다.

통합적 읽기와 관련해 재미있는 제 일화 하나를 소개해 봅니다. 미국에서는 DNA 분석 서비스를 해주는 23andMe 같은 업체들이 여럿 있는데 2014년부터 1천 달러를 받고 있습니다. 2000년에 끝난 휴먼 게놈 프로젝트 비용이 무려 30억 달러니 14년 만에 3천만 배나 저렴해진 셈이지요. 소요 시간도 10년에서 15분으로 단축됐습니다. 그만큼 생명공학의 발달 속도가 빠르다는 뜻이지요. 그런데 이 업체에서 DNA 분석을 원하는 개인 중에 상당수가 KKK 단이나 네오 나치 같은 인종주의자들이라고 합니다. 자신들의 순수성, 100% 아리안 족 혈통임을 증명하고 싶어서 그 돈을 투자한 것임은 누가 봐도 알 수 있습니다. 그런데 그들 중에 상당수가 자신의 유전자 중에 유럽뿐 아니라 아프리카 그것도 사하라 사막 이남 아프리카인(흑인)이 섞여 있는 것으로 밝혀져 본인들이 충격을 받았다는 기사가 있었습니다.

만약 이 검사가 1940년대 유럽에서도 가능했다면 어떤 일이 일어났을까요? 히틀러가 유대인이라 생각하고 학살한 수많은 사람 중에 조상들이 완전히 유대인인 사람이 몇 명이나 있을까요? 아마 단 한 명도 없을 것입니다. 당시 히틀러는 본인 위로 2대 즉 조부모까지 아리안 족 혈통을 인정해야 아리안 족임을 증명하는 서류를 발행하도록 했는데 그 위로 올라가면 아리안 족에게도 유대인 피가, 유대인 중에도 아리안 족의 피가 반드시 섞여 있을 것입니다. 즉 이 세상의 모든 사람은 아리안 족이면서 유대인이면서 동시에 흑인인 것이지요.

인종과 민족에 대한 편견을 바로 잡아준다는 점에서 게놈 분석 기술은 사회적으로도 의미 있는 기술이 되었다고 말할 수 있습니다. 제가 유전자 분석학이라는 키워드를 골라서 계열별로 필요한 자료를 골라 내 지식에 적용한 뒤 내가 갖고 있는 기존의 지식을 바꾼 거죠.

바로 여기에 '통합적 읽기'의 답이 있습니다. 첫 단락의 게놈 분석 기술은 최신 생명과학 사적에서 얻은 겁니다. 두 번째 단락은 히틀러의 전기 등 역사책에서 얻은 것입니다. 즉 두 지식, 인문학과 생명공학 지식이 만나서 사회가 진보하고 제 자신의 편견(인종이라는 것이 엄연히 존재한다)도 깨는 개인적 발전도 이룬 것이지요. 이게 바로 통합적 읽기입니다.

창의적 읽기는 어떻게 해야 하는 걸까요? 서울대에서 출간된 〈논문 작성을 위한 스터디 독서〉에서는 다음과 같이 정의합니다.

"창의적 독서는 읽는 행위의 마지막 단계이자 가장 높은 단계로, 깊이 있게 생각하는 독서를 더 많이 요구한다. 창의적 독서는 단순히 읽고 이해하는 것이 아니라 예상해 보고, 읽은 것을 가지고 다른 무엇을 해보는 것이다. 특히 스터디 독서에서 창의적 독서는 책의 내용을 다른 시간과 공간에 적용해 보고 새로운 해석이나 다른 해결방법을 찾아내는 과정이다. 이러한 창의적 독서 없이는 창의적 글쓰기를 할 수 없다."

마지막 말이 인상적입니다. '창의적 독서 없이는 창의적 글쓰기를 할 수 없다.' 새로운 해석이나 다른 해결 방법을 찾는 것이 창의적 독서법입니다. 이 장에서 소개한 책들은 창의성을 키우기 위한 책들로 창의적으로 읽으려면 스스로 저자가 되어서 책의 내용을 스스로 뒤집어 보고 목차를 새로 짜보는 훈련이 필요합니다.

이런 식의 사고가 책을 읽으면서 또는 읽은 후 이루어져야 합니다. 내가 클라우스 슈밥이라면 '4차 산업혁명이 3차 산업혁명과 무엇이 다른가'라는 질문에 어떻게 응답할까? 내가 가까운 미래에 700만 개의 직업이 사라진다고 주장한 슈밥이라면 자신의 직업을 잃을지도 모르는 사람이 내게 이메일을 보내온다면 나는 그 사람에게 무엇이라고 답할 것인가? 《죽음의 수용소에서》를 쓴 빅터 프랭클이 되어보는 방법도 있습니다. 책의 이질성(앞부분은 아우슈비츠 체험, 뒷부분은 로고 테라피에 대한 이론적 설명)을 극복하기 위해 목차를 새로 짜야 한다면 어떻게 재구성하는 게 좋을까? 이런 식으로 고민해 보는 것이지요. 이런 고민들을 해보는 것이 창의적 독서와 창의적 사고의 과정이라고 할 수 있습니다.

창의융합 실천 사례

과학을 경제학의 관점에서 보자

이과학생들은 왜 과학과 수학을 연구하려 할까요? 지적 호기심 때문일까요? 아니면 궁금증 때문일까요? 학문적 취향과 관심이 가장 큰 이유겠지요. 그러나 '취업에 유리해서'라는 이유도 만만치 않게 많습니다.

노벨상이나 필즈상을 수상한 과학자나 수학자들도 마찬가지입니다. 호기심이나 궁금증(둘을 합쳐서 수수께끼라고 부를 수 있죠)이 무엇보다 중요하지만 명성이나 인정 그리고 돈 같은 인센티브 또한 그에 못지않게 중요하기 때문입니다. 심지어 하버드대 학장이었던 헨리 로조브스키 같은 세계적인 과학자조차 "과학자의 영감의 원천은 돈과 아첨"이라고 했을 정도니까요.

과학을 과학으로만 보지 않고 다른 관점, 예를 들면 경제학이나 경영학 같은 실용 학문적 관점에서 바라볼 때 또 다른 시각의 학문이 탄생할 수 있습니다. 바로 과학 경제학이죠. 미국의 대표적인 과학 경제학자 폴라 스테판이 쓴 《경제가 어떻게 과학을 움직이는가》(글항아리)는 그 자체가 창의융합적이면서 읽는 독자 또한 창의융합적으로 만듭니다. 학생들은 첨단 과학 프로젝트 뒤에 숨겨진 경제 논리를 읽으면서 통찰력 또한 키울 수 있습니다. 대학과 대학원 박사 과정 등 소위 연구라는 것이 실제로 진행되기 위해서 필요한 과정이 무엇인지를 현실적으로 깨닫는 시간도 됩니다. 과학은 이상인 동시에 현실이죠. 수수께끼를 풀려는 과학자들의 이상은 명성과 우선권과 특허 등의 이름으로 제공되는 인센티브를 만나야 결실을 맺습니다. 창의융합적인 사고는 현실과 동시에 이상을 볼 수 있는 태도를 말하죠.

과학을 공부하며 현실적이면서 동시에 이상적이기 위해서는 실패에 대해서 치르는 대가에 관심을 가져야 합니다. 소위 합리적인 실패 (즉 사회가 비용을 대야 하는 실패)의 범위는 어디까지인가? 이 또한 과학 경제학의 관심사입니다. 과거 미국 사회가 공산주의에 대한 공포로 시달릴 때는 로켓 기술과 우주선과 관련해서는 실패한 기술도 인정을 받았습니다. 지금은 그렇지 않기 때문에 발전이 더딘 것이죠. 지금 미국은 암과의 전쟁 중입니다. 71년 닉슨 대통령이 개시한 암과의 전쟁은 명백히 졌다고 미국의 의사들은 한결같이 말합니다. 그러면서 이런 생각을 했습니다. 암과의 전쟁에서 이기기 위해 치르는 실패 비용은 미국인들도 인정하기에 미국 정부 또한 인정할 수 있다는 점이지요.

이 책을 읽으면 과학은 정말 머리로만 할 수는 없는 것이구나라는 생각을 절로 갖게 해 줍니다.

마지막으로 창의융합적인 과학인의 자세에 대해서 알아볼까요? 협력에 대한 열린 태도로 완성됩니다. 저자는 좋은 과학자가 되기 위해서는 다음 사실을 인정해야 한다고 합니다. "과학 분야의 많은 문제가 혼자서 다 갖출 수 없는 인지적 자원을 요구한다"는 사실이죠. 고립 속에서 존재하는 연구는 없는 법이며 공동 연구에 열린 태도를 가질수록 개별 과학자는 물론 개별 과학자가 속한 사회도 과학적으로 진보할 수 있습니다. 과학의 세계에서 교수들이 연구 성과를 자신의 것으로 만들려면 먼저 그것을 공유해야 합니다. 과학의 세계만큼 협력이 중요한 곳이 없습니다.

현대 과학의 거대한 흐름 '컨버전스'를 이해하자

2019년도 서울대 물리학과에 지원한 어느 학생의 자소서입니다.

창업동아리에서 성공한 창업가들의 사례를 많이 찾아보며 최근의 경우, 대부분 기존 경계를 허물고 새로운 발상을 한 것을 알게 되었습니다. 이것은 단순히 a와 b를 합치는 '퓨전'이 아닌 a, b 모두 관찰하여 a+b가 아닌 c를 생각해 내는 통합적 사고가 중요하다는 것을 깨달았습니다. 그래서 이 책을 읽게 되었고 여러 분야의 경계가 없어지는 사례를 접했습니다. 실제로 '분자생물학'이란 개념이 생물을 물질의 집합으로 분석하는 물리학적 사고에서 시작되었고 생물학자들이 알아내는 데 실패한 유전자의 정체를 물리학자인 슈뢰딩거가 유전자가 비유기적 결정체이고 하나의 코드가 있는 안정적인 물질이라는 것을 증명해 냄으로써 분자생물학이 급격히 도약한 사례를 통해 물리학은 모든 분야에 엄청난 영향을 끼쳐 과학을 이끌기 위해서는 필수적이라고 느꼈습니다. 이 책을 읽으며 통합적 사고를 위해서는 이미 아는 것도 새롭게 보는 활동이 중요하다는 것을 알게 되었고, 융합과학 동아리를 개설하여 이 활동을 하고 있습니다.

자신이 융합적임을 증명하기 위해 이 학생이 읽은 책은 피터 왓슨의 《컨버전스》(책과함께)입니다. 피터 왓슨은 영국 출신 과학 저널리스트이자 문화사가인 융합적인 인물인데요, 그가 쓴 《생각의 역사 1, 2》(들녘) 역시 위대한 과학자들의 자연과학적인 생각을 가장 인문학적인 포맷인 역사 이야기로 풀어간 책입니다. 컨버전스는 이 책의 부제, 현대 과학사에서 일어난 가장 위대한 지적 전환이 말해 주듯 물리학과 화학, 물리학과 생물학, 화학과 생물학, 지질학과 역사학, 심리학과 경제학 등 여러 학문들의 융합 사례를 소개합니다. 학생은 그중에서 물리학을 기반으로 화학과 생물학이 융합한 분자생물학에서 받은 영향을 기술하고 있습니다. 책을 읽고 지식으로 끝난 게 아니라 활동(융합과학 동아리)으로 이어진 걸 서울대 입시사정관들은 높이 평가했을 겁니다.

저자는 현대로 갈수록 컨버전스가 강화되고 있다고 합니다. 예를 들면 50~70년대 냉전 시기, 미국은 최대 라이벌인 소련에 대해서 알아야 했습니다. 그러기 위해서는 소련과 본토 사이에 있는 태평양에 대해서 알아야 했지요. 그 과정에서 해양학, 생물학, 수리학, 지질학, 기후학, 심지어 인류학까지 동원되어 하나의 학문을 이룹니다. 2000년대 새로운 밀레니엄에서는 우주의 탄생부터 시작해서 지구의 탄생과 생명의 등장, 인류의 역사까지 총체적으로 다루고 있는 빅 히스토리가 탄생합니다. 컨버전스의 결정판이죠. 저자는 자신의 주장을 뒷받침하기에 과학 철학자 패트리샤 처칠랜드의 다음과 같은 말을 인용합니다.

"이제 분명한 것은 한 과학 분야가 어디서 끝나고 다른 분과가 어디서 시작되는지는 더는 중요하지 않다는 사실이다."

컨버전스는 어떤 방식으로 이루어질까요? 저자는 환원으로 묘사하고 있습니다. 환원은 결정론으로 이해하면 됩니다. 모든 문제는 먹고사는 문제로 환원된다라는 말은, 경제는 모든 것을 결정한다는 말과 같은 뜻입니다. 그 환원에는 단계가 있습니다. 예를 들면 이런 식이지요.

6. 사회 집단

5. (다세포) 생물체

4. 세포

3. 분자

2. 원자

1. 소립자

저자가 주장하는 이론적 환원의 6단계입니다. 예를 들면 곤충의 사회적 분화(6)는 호르몬(5)의 관점에서 설명할 수 있습니다. 가끔은 환원주의라고 비판을 받게 되지만 환원적 사고는 달라 보이는 것들의 이면에 담겨 있는 공통 분모를 찾아낼 수 있습니다. 저자는 이런 점에서 환원주의자라고 볼 수 있지요.

환원주의는 결국 모든 지식에 위계를 설정해 지식의 꼭대기에 과학을 올려놓으려는 의도에 다름 아니다라는 비판을 받습니다. 과학 제국주의니 물리학의 독재라는 비판을 하는 것입니다. 이런 비판에 저자는 이렇게 응수합니다. 과학자들이 전하는 컨버전스는 놀라울 정도로 일관성이 있다며 따로 쪼개진 지식들은 사실만 전달해줄 뿐 사실과 사실을 잇는 연결고리 이면의 진실에 대한 통찰을 전해 주지는 못한다는 거지요. 과학 그 자체는 우리가 어떤 존재인지 말해 줄 수 없지만 과학이 심리학, 철학 등과 만나면 그때는 답을 해 줄 수 있습니다. 바로 컨버전스의 효과입니다.

컨버전스의 다음은 무엇일까요? 저자는 이머전스를 그다음의 대안으로 제시하고 있습니다. 이머전스는 세계관의 변혁이며 자연을 작은 부분으로 쪼개서 보는 방식이 아니라 자연이 어떻게 스스로를 조직하는지 이해하는 학문으로 변화를 거듭하고 있습니다.

과학자도 미학자가 될 수 있다

《컨버전스》가 인문학 전공자(왓슨은 영국 뒤람대에서 심리학 전공)가 쓴 과학책이라면 《뷰티플 퀘스천》(흐름출판)은 노벨 물리학상 수상자가 쓴 과학과 인문학(그중에서도 미학)의 융합 서적입니다. 그래서 《컨버전스》보다는 더 어렵게 느껴집니다. 저자인 윌첵은 2004년 양자색역학의 발견으로 노벨 물리학상을 받은 인물입니다. 양자역학도 일반인에게는 생소하고 어려운데 양자색역학은 더욱더 생소합니다. 이 책은 대중 교양서이기는 하지만 중학생이 읽기에는 무리이고 고등학생 중에서도 수학과 물리 쪽에 상당한 관심과 기하와 벡터, 물리2, 화학2 과목의 지식이 축적되어 있는 학생이라면 도전해 볼 만한 책입니다. 어려운 부분(특히 양자역학의 표준 모형을 코어이론으로 부르며 페르미온과 보존 등을 설명하는 부분)은 건너뛰고 읽든지 저자가 친절하게 설명하는 용어 사전을 살펴보면서 읽어도 됩니다.

라파엘로의 〈아테네 학당〉에 등장하는 피타고라스

이 그림은 르네상스 시대를 대표하는 화가 라파엘로가 그린 〈아테네 학당〉에 등장하는 피타고라스입니다. 과연 피타고라스는 무엇을 적고 있었을까요? 바로 "모든 것은 수이다."입니다. 저자는 아름다움의 대명사인 동서양의 유명 그림들을 활용하며 자연이 얼마나 아름다운 존재인지를 증명하고 있습니다. 그가 주장한 양자색역학은 양자역학에 바로 색이 붙습니다. 색에는 자연의 미소가 들어가 있다는 게 그의 주장입니다. 양자가 그냥 어렵고 낯설기만 한 것이 아니라 아름다운 거였군요! 만물의 근원인 수뿐 아니라 뉴턴의 법칙, 아인슈타인의 법칙, 맥스웰의 법칙, 그 옛날 피타고라스와 플라톤의 과학 그리고 그가 한창 빠져 있는 양자역학까지 그에게는 모두 아름다움으로 보입니다. 그것을 증명하기 위해서 이 책을 쓴 것이지요. 결국 그의 뷰티풀 퀘스천이자 이 책에 담겨진 하나의 질문이며 주제는 바로 이 문장이었습니다.

"이 세계에는 아름다운 사고가 깃들어 있는가?"

바꿔 말하면 '이 세계는 하나의 예술 작품인가?'가 되겠지요.

저자에 따르면 이 넓은 우주와 가장 작은 생명체인 바이러스의 외골격은 공통점이 있답니다. 바로 정다면체. 정다면체는 볼록 다면체 중에서 모든 면이 합동인 정다각형으로 이루어져 있으며, 각 꼭짓점에서 만나는 면의 개수가 같은 도형을 말합니다. 이 세상에는 다섯 개의 정다면체가 존재합니다. 정사면체, 정육면체, 정팔면체, 정십이면체, 정이십면체입니다. 이 중 B형 감염을 일으키는 헤르페스 바이러스나 AIDS 원인인 HIV 바이러스까지 정이십면체와 비슷한 모습을 띠고 있습니다. 정이십면체는 여섯 개의 면과 여덟 개의 꼭지점으로 이루어져 있으며, 각 꼭지점에서 세 개의 면이 만납니다. 반면 우주는 정십이면체입니다. 플라톤은 이 우주를 정십이면체로 보았지요. 저자는 이 정십이면체의 아름다움을 그림에서 발견합니다. 초현실주의 화가 살바도르 달

달리의 〈최후의 만찬〉

리의 그림 〈최후의 만찬〉을 보면, 예수님과 그의 열두 제자를 둘러싼 건물이 우주를 상징하는 정십이면체의 모습을 하고 있습니다. 12명의 숫자를 사용한 일종의 중의법처럼 읽힙니다.

물론 아름답다고 반드시 진리인 것은 아닙니다. 플라톤의 기하학은 극도로 아름다웠지만 결국 진리 자체에는 이르지 못했지요. 저자는 레오나르도 다빈치의 그림 〈인체 비례도〉도 인체에 우주의 신비가 숨겨져 있음을 보여 주는 아름다운 그림이지만 과학적으로는 틀린 내용이라고 합니다. 이런 정황들을 보면 심오한 진리가 반드시 아름답다는 보장은 없는 것 같습니다. 그럼에도 불구하고 저자는 이 세상은 아름답다는 진리를 목 놓아 외칩니다. 사람들이 아름다움을 느끼는 근본적인 이유는 대칭 때문인데, 자연의 힘에는 대칭이 구현되어 있고 이들의 영향은 매개 입자라는 아바타를 통해 구현되기 때문이라는 거죠. 이 거시의 세계인 하늘과 땅 그리고 우주, 미시의 세계인 원자 및 소립자의 세계까지 그 어떤 원리-바로 아름다움-이 구현되고 있다는 게 그의 주장입니다.

저자는 책의 말미에서 다시 피타고라스로 돌아옵니다. 노트북을 잃어버렸다가 백업 디스크를 통해 모든 정보를 되찾은 경험을 통해 정보가 0과 1이라는 숫자 속에 저장되어 있었기 때문에 가능해진 일이라며 만물은 수라는 피타고라스의 말이 과거는 물론 현대 정보사회에서도 통한다고 강조합니다.

이 책의 한 가지 아쉬움은 주로 서양 미술이 인용되다 보니 미의 기준이 서양적이라는 느낌을 준다는 것입니다. 그런 비판을 우려해서인지 그는 음양의 원리에 자신의 상보성 원리를 접목한 닐스 보어의 '음양도'를 예로 듭니다. 상보성이란 하나의 대상을 고찰하는 방법이 두 가지일 때, 그리고 두 가지 고찰이 모두 옳지만 서로 양립할 수 없을 때 성립하지요. 입자이면서 파동인 빛이나 있으면서도 부재하는 양자 미시 세계의 존재방식은 상대방을 포함하면서 상대방에게 포함된 음양도와 정확히 일치합니다. 음양도를 보면 음과 양 외에 과거와 현재, 동양과 서양, 위치와 운동량이 마치 우르슬라의 뱀처럼 서로의 꼬리를 물고 이어져 있는 듯합니다.

닐스 보어의 〈음양도〉

노벨 물리학상 수상자는 모순을 용납하는 이런 태도를 월트 휘트먼의 멋진 영시에서 찾아냅니다. 이런 태도가 바로 창의적이며 융합적인 자세입니다.

"나는 모순된 존재인가?
그렇다면 좋다. 나는 모순을 받아들이겠다.
나는 크고 다양한 존재이기 때문이다."
-월트 휘트먼의 〈풀잎Leaves of Grass〉 중에서

부록

서울대 의대 합격생의
고교 3년 학생부 독서 활동

실제 서울대 의대 합격생의 학생부 중에서 독서 활동 부분을 전격 소개합니다. 1학년 부분은 독서 활동의 소감과 영향까지 드러나 있고 2, 3학년 부분은 책 제목과 저자 이름만 등장합니다. 관심 분야인 자연과학과뿐 아니라 영어 원서를 포함해 문학, 철학, 사회 등 인문 분야까지 골고루 읽은 인상을 줍니다. 영국의 정신과의사이자 작가인 올리버 색스의 책들을 많이 읽어 신경정신과에 관심이 많은 학생임을 보여 줍니다. 4차 산업혁명과 인공지능에 관련된 책들도 빠지지 않습니다. 세상이 어떻게 돌아가는지 알고 싶다는 지적 호기심을 효과적으로 보여 줍니다. 과학도 의학과 상관성이 있는 화학과 생명과학뿐 아니라 물리 분야 책도 꾸준히 읽었습니다. 과학 책 중에서는 장내 미생물과 유익균에 관련한 생화학 책이 인상적입니다. 이 분야 관련 실험이 학생부에 기재되어 있었기에 독서를 통해 알게 된 지식을 실험을 통해 확인하는 실사구시형 인재임을 증명합니다.

이 학생은 하나의 사례일 뿐입니다. 이 책에 소개된 수많은 방법으로 나만의 학생부 독서 활동을 꾸며 보세요. 참고로 이 학생은 서울대 의대 MMI 면접 자기소개 시간에 20분 동안 자신이 읽은 책들에 대한 지적 대화를 하며 보냈답니다. 입시에서 독서 활동이 얼마나 중요한지를 알 수 있습니다.

학년	과목 또는 영역	독서 활동 상황
1	국어 I	(1학기) 《국부론》(애덤 스미스)을 읽고 애덤 스미스의 화폐와 분업이 얼마나 창의적인 개념인지를 알게 되었으며 현대 사회에서 화폐가 존재하는 이유를 깨달음. 이 과정에서 경제학에 대한 전반적인 이해가 향상됨. 《대한민국 최저로 살아가기》(참여연대 사회복지위원회)를 읽고 최저생계비로 살아가는 사람들의 실상을 알게 되었고 최저생계비가 현실을 반영하지 못하고 있음을 알게 됨. 이 과정에서 사회적 약자를 배려하는 태도가 형성됨.
	국어 II	(2학기) 《논어》(공자)를 읽고 공자가 말하는 보편적 상식들이 자신에게 어떠한 의미가 있는지 고민해 보았고 이 과정에서 훌륭한 독서 태도를 보여 줌. 《스키너의 심리 상자 열기》(로렌 슬레이터)를 읽고 인간이 환경에 얼마나 큰 영향을 받는지 알게 되었고 환경에 지배당하지 않는 방법 또한 알게 됨.
	수학 II	(2학기) 《수학 콘서트》(박경미)를 읽고 그중 여러 종류의 암호에 대한 흥미를 느꼈으며 그것에 대해 자세히 조사해 보는 과정에서 수학이 구체적으로 어떻게 암호에 적용되는지 깨달음. 읽고 난 후에 소수로 이루어진 암호를 한 달 안에 풀 수 있는 확률을 계산해 보았음. 이 과정에서 암호의 체계성에 감탄하게 됨. 《피타고라스 구출작전》(김성수)을 읽고 그중 피타고라스 정리에 대한 여러 가지 증명에 흥미를 느꼈으며 수학 정리, 증명의 참재미를 다시 한 번 깨달음. 읽고 난 후에 이 책에 나오는 정리들을 여러 가지 방법으로 증명해 보면서 재미를 느꼈고 이 과정에서 수학적 직관이 형성됨. 《범죄 수학》(리스 하스아우트)을 읽고 범죄 사건에 수학을 실제로 사용할 수 있다는 것에 흥미를 느끼고, 어떤 식으로 적용되는 것인지 또한 깨달음. 각 사건을 읽고 난 후 수학적으로 사건에 접근하는 방식으로 문제를 풀어 보는 활동을 하였음. 이 과정에서 수학문제 해결 능력이 향상됨.

1	영어 I	(1학기) 《The Giver》(루이스 로우리)를 읽고 어떤 것이 진정한 이상세계인지에 대해 생각해 볼 기회를 가졌으며 읽고 난 후 등장인물의 특징과 줄거리를 영어로 매우 논리적으로 잘 요약함. 뿐만 아니라 자신이 주인공이었다면 어떻게 했을지에 관해 영어로 써 봄으로써 문학 창작 능력이 향상됨.
	영어 II	(2학기) 《Beneath the wheel》(Hermann Hesse)을 읽고 타율적인 삶이 얼마ㅏ 위험한 것인지를 알게 됨. 특히 그것을 바탕으로 자신의 삶에 적용시켜 더 자율적으로 사는 사람이 되기 위해서 어떻게 살아야 할지 생각해 보고 그것을 실천하기 위한 방안을 모색하게 됨.
	사회	(1학기) 《기적의 사과》(이시카와 다쿠지)를 읽고 친환경적인 농업이 얼마나 중요한지 알게 되었으며 자연의 소중함을 느낌. 그리고 주인공인 기무라씨가 번뜩이는 아이디어를 내기까지의 과정을 보며 진정한 과학자의 탐구정신이 무엇인지 알게 됨. 또한 자신이 맡은 일에 최선을 다하는 기무라씨를 보며 책임감에 대한 생각을 해 보게 됨. 《왜 건물은 지진에 무너지지 않을까》(마리오 살바도리)를 읽고 자신이 알고 있던 물리적 지식이 건축물에는 어떻게 쓰이는지 알게 되었으며 책에 나와 있는 간단한 재료를 이용한 여러 가지 실험들을 사고실험으로 해 봄으로써 상상력이 향상됨.
	미술 창작	(2학기) 《미학 오딧세이》(진중권)를 국어 모의고사 예술 지문을 이해하기 위한 동기로 책읽기에 도전한 것은 바람직함. 책에서 이야기하는 배경지식을 이해하기 위해서 조금 더 쉬운 책부터 시작해 보기를 권함. 《미술관에 간 화학자》(전창림)를 성실히 읽고, 감상문으로 "~화가별로 그 사람의 작품에 어떠한 재미있는 이야기가 있고 화학과 관련된 어떤 이야기가 있는지 알려 준다."라는 내용의 글을 작성함. 적극적으로 책을 이해하려는 태도가 장점임.
	공통	(1학기) 《철학자와 늑대》(마크 롤랜즈)'를 읽고 행복의 정의에 대해 생각하고 인간이라는 존재의 개념을 이해하며 의견을 공유하는 토론 시간을 가졌다. 실존주의 철학에 대한 이해를 바탕으로 자아에 대해 깊이 있게 탐색하는 모습을 보였으며 순간을 살아가는 동물과 시간을 살아가는 인간을 비교하며 어떻게 사는 것이 행복한지 의견을 발표하여 친구들의 공감을 얻었음. 여러 방향에서 주제를 탐색하려는 모습이 매우 인상적이었음. 《힘든 날들은 벽이 아니라 문이다》(구영회)를 읽고 독서토론회에 참가하여 어렵고 힘든 학업의 길 위에서 지쳐 가는 학생들에게 용기와 희망을 불어넣는 강연자의 메시지로부터 힘을 얻게 되었고, 이러한 어려움이 자신을 단련시켜 주고 반드시 훗날 보람과 만족을 주게 된다는 믿음을 가지게 됨.

1	공통	(2학기) 《어린 왕자》(생텍쥐페리), 《소유냐 존재냐》(에리히 프롬)를 함께 읽고 두 작품에 나타난 소유와 존재의 개념을 이해하고 그 차이점을 분석함. 《어린 왕자》에 나타난 상황을 여러 등장인물에 맞추어 해석하고 소유와 존재라는 개념을 적용해 친구들과 토론하는 시간을 가졌음. 현대 사회에서 행복이 갖는 의미에 대한 근본적인 질문을 던져 토론을 이끌어 갔으며 자신이 생각하는 행복과 존재의 방향에 대해 이야기함으로써 다른 친구들의 공감을 얻었음. 《아내를 모자로 착각한 남자》(올리버 색스)를 읽고 환자를 치료하기 위해 열심히 탐구하는 정신과 의사의 모습을 보며 자신의 진로인 정신과 의사가 얼마나 가치 있는 직업인지 깨닫게 됨. 이를 바탕으로 자신이 나중에 의사가 되었을 때 어떻게 살아야 할지에 대한 의견을 발표함. 《좋은 균, 나쁜 균》(제시카 스나이더 색스)를 읽고 세균이 나쁜 점도 있지만 좋은 점도 있다는 것을 알게 되어 항생제 내성 세균에 관하여 '서울 도심과 숲속의 항생제내성세균 비교', '항생제 복용 후 장내 미생물 변화와 회복 과정에 대한 고찰'의 탐구를 진행하게 됨. 《10퍼센트 인간》(앨러나 콜렌)을 읽고 장내 미생물 조성의 악화가 몸에 어떤 영향을 주는지 알게 되었고 이 과정에서 획득한 지식을 활용하여 미생뭉과 관련된 탐구를 지속하였으며 의미 있는 결론을 도출하여 발표함. 《사라진 스푼》(샘 킨)을 읽고 주기율표에 있는 원소들과 관련된 재미있는 일화들을 알게 됨. 평소 관심이 많았던 화학 분야의 지식을 넓히는 계기가 됨.
2	확률과 통계	(1학기) 《수학의 유혹》(강석진)
	기화와 벡터	(2학기) 《수학의 언어로 세상을 본다면》(오구리 히로시)
	미적분 I	(1학기) 《미적분으로 바라본 하루》(오스카 E. 페르난데스)
	미적분 II	(2학기) 《넘버스》(EBS 넘버스 제작팀), 《수학자는 행운을 믿지 않는다》(에임 푸하르스키)
	영어 회화	(2학기) 《Separate Peace》(John Knowles)
	영어 독해와 작문	(1학기) 《To Kill a Mocking Bird》(Harper Lee)
	물리 I	(1학기) 《모든 순간의 물리학》(카를로 로벨리) (2학기) 《우주, 시간, 그 너머》(크리스토프 갈파르), 《하이스쿨 아두이노》(SADA)
	화학 I	(1학기) 《아톰으로 이루어진 세상》(라이너 그리스하머), 《재밌어서 밤새 읽는 화학 이야기》(사마키 다케오)

2	화학 I	(2학기)《역사를 바꾼 17가기 화학 이야기》(페니 르 쿠터, 제이 버레슨)
	생명과학 I	(1학기)《처음 만나는 뇌과학 이야기》(양은우),《뇌의 지도》(승현준)
	공통	(1학기)《병원 없는 세상, 음식 치료로 만든다》(상형철),《10대와 통하는 농사 이야기》(곽선미, 박영수 외 4인),《채식주의자》(한강),《세상의 중심에서 사랑을 외치다》(카타야마 쿄이치),《25세, 청년 CEO 100억 신화》(이재훈)
		(2학기)《지적 대화를 위한 넓고 얕은 지식》(채사장),《꿈의 해석》(지그문트 프로이트),《팔란티어》(김민영),《온 더 무브》(올리버 색스),《네 번째 불연속》(브루스 매즐리시),《공중그네》(오쿠다 히데오),《나를 사랑해야 치유된다》(선안남),《4차 산업혁명 시대 전문직의 미래》(리처드 서스킨드, 대니얼 서스킨드),《지능의 탄생》(이대열)
	화법과 작문	(1학기)《정지용의 삶과 문학》(박태상)
3	기하와 벡터	(1학기)《기하학과 상상력》(다비드 힐베르트, 슈테판 콘 보센)
	물리 II	(1학기)《전자기학의 ABC》(후쿠시마 하지메)
	화학 II	(1학기)《김상욱의 양자 공부》(김상욱)
	공통	(1하기)《멋진 신세계》(올더스 헉슬리),《행복을 주는 그림》(크리스토프 앙드레),《뮤지코필리아》(올리버 색스),《장내세균 혁명》(데이비드 펄머터),《유산균이 운명을 바꾼다》(이동호),《죽고 싶지만 떡볶이는 먹고 싶어》(백세희)

공부 근육을 키우는
독서법

칼 포퍼의 《열린 사회와 그 적들》을 한 번쯤 들어본 적 있을 겁니다. 칼 포퍼는 칼 포퍼식 토론(전형적인 찬반 토론)의 아버지이자 철학자로 알려져 있지만 박사 논문은 아동심리학에 대한 것이었습니다. 그리고 양자역학에 해박한 물리학자이면서 수학자이기도 했지요. 음악가이신 외조부의 영향으로 음악에도 조예가 깊어 한때 요한 세바스찬 바흐를 롤 모델로 삼고 작곡에 몰두하기도 했습니다. 그야말로 르네상스맨이라 불릴 만합니다. 그런 그가 어떻게 해서 세계적인 철학자가 되었을까요?

아버지의 서재에 웬만한 철학책은 다 있었기에 자연스럽게 철학 책들을 읽기 시작했는데 처음으로 읽은 책이 칸트의 《순수 이성 비판》이었습니다. 단 한 글자도 이해할 수 없었다고 하네요. 그러나 그 어려운 책에 도전했기에 그보다는 쉬운 쇼펜하우어의 《의지와 표상으로서의 세계》는 이해하면서 읽을 수 있었습니다. 가장 어려운 것에서 쉬운 순으로 철학을 공부하면서 가르치는 일이 쓸모 있다고 느껴져 교수라는 직업을 천직으로 생각했습니다. 그러다가 가구 제작이 실질적으로 인류의 삶에 더 기여할 수 있지 않느냐는 생각에서 가구 제작 기술도 배워 관련 자격증을 따기도 했습니다. 오지랖이 넓다고 할 수 있지만 본인은 이렇게 자평합니다.

"아무리 해답이 만족스럽다 해도 그것을 최종적 해답으로 간주하지 마라. 여러 개의 훌륭한 해가 존재하지만 최종적 해라는 건 없다. 우리가 생각해 내는 해법들은 전부 틀릴 수 있는 것들이다."

과학의 필수조건으로서 반증 가능성은 이렇게 해서 탄생한 것입니다. 제가 칼 포퍼의 사례를 든 것은 포퍼가 어려서(초등학교 고학년) 어려운 책 읽기에 도전했던 경험 때문입니다. 그 우연한 도전의 경험이 석학의 탄생을 만들었습니다.

지금 제 책에 소개된 수많은 책들도 일반 고등학생이 읽기에는 조금 어려울 수 있습니다. 일본의 독서 전문가 사이토 다카시는 독서를 하되 자신에게 조금 어려운 책을 읽는 것이 좋다고 했습니다. 그래야 공부 근육이 발전한다고 합니다. 매일 정해진 횟수로 팔굽혀펴기만 하면 자신의 체력은 현상 유지만 될 뿐입니다. '1주일에 한 번씩 더'라는 식으로 목표를 세우고 조금씩 조금씩 한계를 넓혀갈 때 발전이 있는 법이지요. 서울대 합격이든 의대 합격이든 결과는 그 과정이 끝난 다음에 자연스럽게 오는 손님일 뿐입니다. 책이 좋아져서 읽다 보면 그리고 읽고 나서 쓰고 말하다 보면 입시에서의 성공은 자연스럽게 따라옵니다.

저는 일종의 선행 독서 전략을 제시하는 셈입니다. 초등학생이 중학생 수준의 책을 읽고 중학생이 고등학생 수준의 책을 읽고 고등학생이 대학생 수준의 책을 읽으면 자연스럽게 지적 향상이 이루어집니다. 철학도 없고 얄팍한 상술을 앞세우는 학원의 선행 학습은 아이들을 망치지만 자기주도적으로 하는 선행 독서는 칼 포퍼처럼 자기 발전을 보장합니다.

다시 칼 포퍼 이야기를 하겠습니다. 하고 싶은 게 너무 많아서였을까요? 칼 포퍼는 무려 92년하고도 50일을 더 살았습니다. 그 분의 말이 맞습니다. 10년을 살든 90년을 살든 100년을 살든 한 인간이 평생 공부하면서 습득할 수 있는 지식의 양은 바닷가의 모래 몇 알에 불과합니다. 그것을 깨닫는 것이 진짜 앎입니다. 이 세상에서 가장 행복한 철학자라고 불러 달라는 칼 포퍼처럼 여러분도 책을 많이 읽어 인생의 행복한 도전자가 될 수 있습니다.

끝으로 제 책에서 강조하는 독서법의 핵심 7가지를 제시하며 마무리하겠습니다.

1. 입시와 공부의 공통 키워드는 독서다. 수학을 제외한 나머지 과목들은 책으로 시작해 책으로 끝내는 것이 진정한 공부다.
2. 무슨 책을 읽어야 할 것인가를 고민하기 전에 어떻게 읽을 것인가를 고민해야 한다. '어떻게'에 대한 해답도 책에 있다. 선형 읽기와 비선형 읽기, 기지 읽기와 미지 읽기를 적절하게 활용하며 독서력

을 키워 나가자.

3. 서울대에 가고자 하면 서울대가 원하는 인재상, 서울대생들이 공부하는 공부법을 배우는 것이 좋다. 그것은 바로 읽기와 쓰기가 통합된 스터디 독서법이다.

4. 수능 국어는 언어 사고력을 측정하는 시험이다. 낯선 개념, 어려운 개념이 나오는 두꺼운 책, 사고와 추론의 본질을 알려 주는 책을 한 학기마다 한 권씩 완독하는 데 도전하자.

5. 학교 시험 평가는 주관식 서술형으로 바뀌고 있다. 학교 수업 시간에 배운 개념을 독서로 심화 확장해 이를 학생부 세부능력 특기사항에 기재하자. 내신 등급 상승과 학종을 동시에 대비하는 길이다.

6. 학종에서 전공 적합성과 진로 성숙도는 간접 경험 독서로 충족시킬 수밖에 없다. 학과별로 전공 적합성을 너무 좁혀서 생각하지 말고 계열별로 전공 적합성을 넓게 생각하는 것이 좋다.

7. 4차 산업혁명과 개정 교육과정의 공통 키워드는 문·이과 장벽을 허문 창의융합적 인재 양성이다. 창의융합 독서를 통해 나를 알고 타자의 고통에 대해서 공감한 뒤 4차 산업혁명의 본질과 세부 기술에 대한 이해로 들어가자.

남의 책을 많이 읽어라.
남이 고생하여 얻은 지식을 아주 쉽게 내 것으로 만들 수 있고,
그것으로 자기 발전을 이룰 수 있다.

소크라테스

우리들 인간이 지상에서 이루어놓은 것이나 만들어낸 것 중에서
무엇보다 가장 중요하고 경이로우며 또한 가치 있는 것은 바로 책이다.

토머스 칼라일

책을 읽음으로써, 당신은 지난날의 자신을 잃어버리고
새로운 자신을 찾게 될 것이다. 책을 읽는 것은 자기 자신으로부터
새로운 자신으로 여행을 떠나는 것이다.

메멧 무랏 일단